통통(通通)
러시아어 문법

| 이용권 지음 |

신아사

머리말

처음 러시아어를 배우는 사람들은 이구동성으로 러시아어가 어렵다고 한다. 기본적으로 러시아어는 한국어와 언어적 관련성이 매우 적은 언어이고, 명사와 형용사의 격 체계가 복잡하고, 한국어에 없는 상 범주, 형동사, 부동사 체계 등으로 한국인에게 어렵게 여겨질 수 있다.

사실 러시아어 문법은 대단히 체계적이고 규칙적이다. 러시아어가 어렵게 보이는 것도 바로 이 복잡하게 보이는 문법체계를 제대로 파악하지 못했기 때문이다. 러시아어를 들여다 보면 이 체계적이고 규칙적인 언어를 구성하고 있는 중심 뼈대가 있다. 그것은 바로 러시아어 문법 전체가 경자음-연자음 상관체계를 형성하고 있다는 점이다. 여기에서 경자음 변화가 기본형이고 그 외의 변화는 경자음 기본형에서 유도되어 나오게 되어 있다. 바로 이 구조를 제대로 파악하지 않으면 러시아어를 정복하기 어렵다. 그러나 반대로 바로 이 중심 뼈대를 제대로 파악하고 나면 러시아어가 통하게 되는 것을 체험할 수 있을 것이다.

바로 이점에 착안하여 본 학습서는 복잡한 러시아어 문법체계를 경자음 기본형의 토대를 먼저 잡고 나머지 변화들은 이 경자음 기본형에서 어떻게 유도되어 나오는 지를 설명하려 하였다. 이를 위해서는 명사어간과 형용사 어간에서 경자음 음절과 연자음 음절을 식별해야 하는데, 발음편에서 경자음 음절과 연자음 음절을 쉽게 식별하는 방법을 제시하였다. 그리고 명사의 성, 수, 격을 설명할 때도 항상 경자음 기본형과 그 외 유형을 분리시켜서 설명하였다. 그래서 경자음 기본형은 반드시 암기하고 그 외 유형은 이 기본형에서 유도되어 나오는 규칙을 통하여 전체 문법체계의 원리를 터득할 수 있도록 했다. 그리고 명사 복수변화는 단수변화와 분리시켜서 설명하였다. 본 학습서의 학습순서를 제시하면 먼저 명사 단수변화 경자음 기본형을 먼저 익히고, 그 다음 단수변화의 다른 유형을 익히고, 그 후 마지막으로 복수변화를 학습하도록 단계별로 분리시켜 놓았다. 형용사편에서도 철저하게 형용사 경자음 기본형을 먼저 설명하고 그 외 다른 유형들이 이 경자음 기본형에서 어떻게 유도되어 나오는 지를 설명하였다. 그리고 마치 교실에서 강의를 하는 것 같이 중간 중간에 설명을 주로 처리하여 자세하게 설명하였다. 그리고 현대 러시아어 문법규칙에 적용되지 않는 규칙들은 역사문법의 내용을 알면 거의 다 이해될 수 있다. 그래서 이 부분의 핵심적인 내용을 따로 주로 처리하여 설명하였다. 그리고 17장 종속복문에서는 종속복문의 구조적 특징이 무엇인지를 설명하고, 종속복문 구조를 쉽게 이해하도록 이 구조를 따로 도식으로 설명하였다. 그리고 각 장이 끝날 때마다 Word Study코너를 마련하여 잠깐 쉬어가게 하였다. 여기서는 러시아어 기본 어휘와 관련된 각종 유익한 정보를 제공하여 러시아어의 이해를 도우려 하였고, Word Study 16, 17과에서는 새로운 단어를 만드는데 매우 적극적으로 사용되는 유사접사를 소개하여 어휘력을 향상시킬 수 있도록 했다.

이 책의 출판을 허락하여 주신 정현걸 사장님과 출판에 동기를 주신 한규갑 상무님, 그리고 항상 부족한 자를 위하여 기도하여 주고 힘과 용기를 주는 아내와 아들 일신이와 효신이에게 감사드린다.

이용권

목 차

제3장 명사의 격

제4장 전치사

제6장 대명사

제7장 수사

제8장 동사의 명령법과 가정법

제9장 -ся 동사

제10장 무인칭 동사

제11장 운동동사

제12장 동사의 상

제13장 형동사

제14장 부동사

제15장 문장의 종류

러시아어 알파벳

인쇄체	명칭	발음	인쇄체	명칭	발음
А а	а	[a]	Р р	эр	[r]
Б б	бэ	[b]	С с	эс	[s]
В в	вэ	[v]	Т т	тэ	[t]
Г г	гэ	[g]	У у	у	[u]
Д д	дэ	[d]	Ф ф	эф	[f]
Е е	е	[je]	Х х	ха	[x]
Ё ё	ё	[jo]	Ц ц	цэ	[c]
Ж ж	жэ	[ž]	Ч ч	чэ	[č]
З з	зэ	[z]	Ш ш	ша	[š]
И и	и	[i]	Щ щ	ща	[š:]
Й й	и краткое	[j]	Ъ ъ	твёрдый знак	
К к	ка	[k]	Ы ы	ы	[y]
Л л	эль	[l]	Ь ь	мягкий знак	
М м	эм	[m]	Э э	э	[e]
Н н	эн	[n]	Ю ю	ю	[ju]
О о	о	[o]	Я я	я	[ja]
П п	пэ	[p]			

문자와 발음

§1. 러시아어 알파벳의 역사

러시아어는 인도 유럽어족 중 슬라브어족에 속하는 언어이다. 슬라브어족은 지역별로 동슬라브어(러시아어, 우크라이나어, 벨라루시어), 서슬라브어(체코어, 폴란드어, 슬로바키아어) 그리고 남슬라브어(불가리아어, 세르비아어, 크로아티아어)로 나누어진다.

863년 경에 끼릴과 메포지 형제는 비잔틴 황제 미하일 III의 명령에 따라 슬라브어 문자를 만들었다. 끼릴이 주로 작업하였고 메포지는 보조적인 일에 충실하였다. 그리고 끼릴과 메포지 형제는 그리스어로 된 기독교 신앙서적을 슬라브어로 번역하기 위하여 새로운 문자를 사용하였다. 끼릴은 처음 슬라브어 문자를 만들 때 그리스어에서 24 문자를 수용했는데 현대 러시아어에 남아 있는 문자는 А, В, Г, Д, Е, З, И, К, Л, М, Н, О, П, Р, С, Т, У, Ф, Х 등이다. 라틴문자에 익숙한 자의 입장에서 러시아어 문자를 보면 글자가 뒤집혀 보이는 것 같은 것이 있다. 그래서 문자를 만들어 말을 타고 가다가 떨어뜨려서 급하게 줍다가 보니 문자가 뒤집혀졌다는 아무런 학문적 근거로 없는 설이 회자되고 있다. 어찌되었든 라틴문자에 익숙해 있는 대부분의 한국인이 러시아어를 학습할 때 가장 먼저 부딪히는 어려움은 러시아어 문자를 익히는 것일 것이다.

한국인에게 그리스 신화는 20권짜리 «만화로 보는 그리스 로마신화»를 위시하여 어릴 때부터 부모의 권유로 읽는 필독서다. 2014년 여름에 그리스를 방문한 적이 있었는데 그 때 가이드가 하는 말이 한국 어린이는 그리스인보다 그리스 신화를 더 많이 알고 있어서 가이드 하기 힘들 정도라는 말을 들은 적이 있다. 바로 그 그리스 신화의 언어인 그리스어 문자를 토대로 러시아어 문자가 만들어졌다는 사실을 안다면 러시아어가 낯선 언어가 아니라 오히려 친근한 언어로 와 닿지 않을까 생각한다.

그리스어	러시아어
Αα	Aa
Ββ	Вв
Γγ	Гг
Δδ	Дд
Εε	Ee
Κκ	Кк
Λλ	Лл

§2. 러시아어의 자음과 모음

러시아어에서 최종적인 철자법 개정이 이루어진 1917-1918년 철자법 개정 이후 러시아어 문자는 모두 33개이다. 이 중 21문자가 자음문자(б, в, г, д, ж, з, й, к, л, м, н, п, р, с, т, ф, х, ц, ч, ш, щ)이고, 10 문자가 모음과 관련된 문자(а, у, о, ы, э, я, ю, ё, и, е)이고, 2 문자 ъ, ь가 자음도 모음도 아닌 부호로 되어 있다.

이 중 이 시간에는 모음과 관련된 10문자의 특성을 간단하게 살펴보자.

러시아어 모음은 и, э, а, о, у 다섯뿐이고, 그리고 е, я, ё, ю는 모음이 아니라 й 에 모음 э, а, о, у를 합친 것, 즉 йэ, йа, йо, йу를 한 문자로 표기한 것이다. 그리고 이 네 문자에 공통적으로 포함되어 있는 й는 앞에 있는 자음을 연자음으로 만드는 기능을 한다. 그리고 ы는 и의 위치적 변이음이다, 즉 ы 앞에 있는 자음은 항상 경자음이고, и 앞에 있는 자음은 항상 연자음이다. 러시아어를 처음 배우는 사람은 한국어에 없는 경자음, 연자음이 잘 이해되지 않을 것이다. 그러나 러시아어 공부를 하면서 경자음과 연자음의 개념을 바르게 이해하지 않고 러시아어를 정복할 수 없기 때문에 이 개념을 피해갈 수 없다. 하지만 오늘은 е, я, ё, ю 앞에 있는 자음은 연자음이라고 기계적으로 암기해 놓으면 된다.

§3. 러시아어 음절과 강세

3.1. 러시아어 음절과 강세의 특징

러시아어는 한 모음으로도 음절을 형성할 수 있고 모음에 강세가 있다. 그러나 대부분의 낱말은 한 음절 이상으로 이루어져 있고, 이 경우 반드시 강세가 있는 음절과 강세가 없는 음절로 구분된다. 강세를 러시아어로 '우다레니에'라고 하는데 이는 '두드리다'라는 동사 ударить에서 온 명사이다. 강세가 있는 음절은 마치 북을 두드리는 기분으로 힘을 주어 발음한다. 보통 강세가 있는 음절은 강세가 없는 음절보다 1.5배 길게 발음되고, 강세음절에 힘을 주다 보면 강세음절이 자연스럽게 길게 발음된다. 보통 초급과정의 러시아어 교과서에서는 모음 위에 강세표시를 하지만 일반 간행물에서는 강세표시가 되어 있지 않다.

연습문제 1 다음을 따라 읽으시오.

[и] и — и — и　　[э] э — э — э　　[а] а — а — а

[о] о — о — о　　[у] у — у — у

연습문제 2 다음 음절을 따라 읽으시오.

[м] ма, мо, му, ам, ом, ум, а — ма, о — мо, у — му

[п] па, по, пу, ап, оп, уп, а — па, о — по, у — пу

[б] ба, бо, бу, а — ба, о — бо, у — бу

연습문제 3 다음 음절을 따라 읽으시오.

[т] та, то, ту, ат, от, ут, а — та, о — то, у — ту
[д] да, до, ду, а — да, о — до, у — ду
[н] на, но, ну, ан, он, ун, та — на, то — но, ту — ну

연습문제 4 다음 음절을 따라 읽으시오.

[к] ка, ко, ку, ак, ок, ук, а — ка, о — ко, у — ку
[г] га, го, гу, а — га, о — го, у — гу
[х] ха, хо, ху, ах, ох, ух, а — ха, о — хо, у — ху

연습문제 5 다음 음절을 따라 읽으시오.

[р] ра, ро, ру, ар, ор, ур, тра, дра, бра
а — ра, о — ро, у — ру
[л] ла, ло, лу, ал, ол, ул, а — ла, о — ло, у — лу
ла — ал, ло — ол, лу — ул

연습문제 6 다음 음절을 따라 읽으시오.

[ф] фа, фо, фу, аф, оф, уф
[в] ва, во, ву, ав, ов, ув
[с] са, со, су, ас, ос, ус
[з] за, зо, зу, аз, оз, уз
[й] ай, ой, уй, эй, аи, ай, май, мой,
а — я, о — ё, у — ю, э — е

연습문제 7 다음 음절을 따라 읽으시오.

[ш] ша, шо, шу, ше, ши, а — ша, о — шо, у — шу, аш, ош, уш
[ж] жа, жо, жу,же, жи, а — жа, о — жо, у — жу
[ц] ца, цо, цу,це, ци, ац, оц, уц, ец, иц

3.2. 강세음절 연습

강세가 있는 음절의 길이는 강세가 없는 음절의 길이보다 좀 길다.

모델: та, тАта, татА
예: там, Анна, Антóн

모델: то, тОто, тотО
예: дом, мнóго, окнó

모델: тОтото, тотОто, тототО
예: хóлодно, дорóга, потолóк

3.3. 강세와 아까니에

러시아어 모음 /o/는 강세 아래에서는 [o]로 발음되지만 강세가 없는 곳에서는 아[Λ]로 발음된다. 이와 같은 발음현상을 '아까니에'라고 한다. 예를 들어 дом에서 모음 /o/는 [o]로 발음되지만, 단어 окнó에서는 둘째 음절에 강세가 놓이기 때문에 강세가 없는 첫 음절 /o/는 아[Λ]로 발음되어 이 단어의 발음을 한국어로 표기하면 [아끄노]가 된다. 그리고 단어 мнóго에서 첫 음절에 강세가 있기 때문에 강세가 없는 둘째 음절의 /o/는 아[Λ]로 발음되어 이 단어의 발음은 한국어로 표기하면 [므노가]가 된다.

연습문제 8 다음 단어를 따라 읽으시오.

собака, суббота, голова, холодно, Москва, яблоко, это, мясо

3.4. 강세와 이까니에

러시아어 모음 /e/, /a/ 그리고 /я/는 강세 아래에서는 자신의 음가대로 발음되지만, 강세가 없는 곳에서는 이[i]로 발음된다. 이와 같은 발음현상을 '이까니에'라고 한다. 좀 더 자세하게 설명하면 모음 /e/는 강세가 있는 음절 앞에서 이[i]로 발음된다. 예를 들어, 단어 стенá에서 마지막 음절에 강세가 있고 그 앞 음절에서는 강세가 없다. 이 경우에 모음 /e/는 [i]로 발음되어 이 단어의 발음은 [stina]가 된다. 그리고 /a/와 /я/는 '연자음 뒤 강세 음절 앞에서' 이[i]로 발음된다. 예를 들어, часы́에서 마지막 음절에 강세가 있고 /a/ 앞에 있는 /ч/는 연자음이다. 따라서 이 단어는 공식 '연자음 뒤 강세 음절 앞' 조건을 만족한다. 따라서 이 단어의 발음은 [čisy]가 된다. 그리고 단어 язы́к에서도 '연자음 뒤 강세 음절 앞' 조건을 만족한다. 그래서 이 단어의 발음은 [jizyk]로 된다.

연습문제 9 다음 단어를 따라 읽으시오.

язык, всегда, семья, тепло, темно

§ 4. 러시아어 유성자음과 무성자음

러시아어 자음은 성대의 울림 유무에 따라 유성자음과 무성자음으로 구분된다.

☞ 한국어에서 자음 /ㅂ/ 와 /ㅃ/의 차이는 유성자음과 무성자음의 차이가 아니라 평음과 경음, 다시 말하면 기본음과 후두가 긴장되어 발음되는 음의 차이이다. 한국어에서 /ㅂ/은 초성에서 무성음으로 발음되고, 모음과 모음 사이에서 또는 유성자음과 모음 사이에서 유성음으로 발음되는 변이음이다: 바보[pabo], 바다[pada], 감기[kamgi] 등. 이에 반하여 러시아어는 성대의 울림 유무에 따라 구분된다. 그렇기 때문에 러시아어의 유성자음을 발음할 때 성대의 울림에 약간은 신경을 써야 한다.

아래에는 러시아어의 유성자음과 무성자음이다:

유성	б	в	з	д	ж	г					л	м	н	р
무성	п	ф	с	т	ш	к	х	ч	щ	ц				

이 중에서 러시아어는 6쌍의 유성자음과 무성자음의 대응되는 쌍을 가진다.

유성자음	б	в	з	д	ж	г
무성자음	п	ф	с	т	ш	к

유성자음 л, м, н, р는 대응되는 무성자음이 없고, 무성자음 х, ч, щ, ц는 대응되는 유성자음이 없다. 그러나 무성자음 х가 유성자음 г에 대응되는 무성자음의 역할을 할 때가 있다.

러시아어 학습자는 위에서 소개된 유성자음과 무성자음 중에서 여섯 쌍의 대응되는 유성자음과 무성자음의 쌍을 기억하고 있어야 한다. 러시아어에서 유성자음이 단어의 끝에 놓이면 이 유성자음은 대응되는 쌍의 무성자음으로 발음된다.

клуб [б → п]   газ [з → с]   нож [ж → ш]

сад [д → т]   друг [г → к]   Чéхов [в → ф]

유성자음-무성자음 동화현상

그리고 낱말 가운데서도 유성자음과 무성자음 또는 무성자음과 유성자음이 서로 연이어 놓이면 뒤에 있는 자음의 자질이 앞에 있는 자음을 자신과 동일한 자질로 변화시키는 역행 동화현상이 일어난다:

유성자음 → 무성자음

вчерá: [в → ф]　　вó**д**ка: [д → т]
скá**з**ка: [з → с]　　лó**ж**ка: [ж → ш]
ó**б**щество: [б → п]　　**под** кни́гой: [д → т]

무성자음 → 유성자음

сдáча: [с → з]　　**от** брáта: [т → д]
э**к**зáмен: [к → г]　　прó**сь**ба: [с → з]

연습문제 1 다음 음절을 따라 읽으시오.

[п]—[б] ба — па, ба — ба — па; бо — по, ба — па — па
[т]—[д] да — та, да — да — та; до — то, да — та — та
[к]—[г] га — ка, га — га — ка; го — ко, га — ка — ка
[ф]—[в] ва — фа, ва — ва — фа; во — фо, ва — фа — фа
[с]—[з] за — са, за — за — са; зо — со, за — са — са
[ш]—[ж] жа — ша, жа — жа — ша; жо — шо, жа — жа — ша

연습문제 2 다음 음절을 따라 읽으시오.

ложка, встреча, поезд, завтра, экзамен, выставка, вчера, также

§5. 러시아어 경자음과 연자음

러시아어 자음은 경음성(твёрдость) 여부에 따라 경자음과 연자음으로 구분된다.

☞ 초급 러시아어 학습자가 러시아어 연자음을 정확하게 이해하기는 쉽지 않다. 그러나 다행인 것은 한국어에 러시아어의 연자음과 유사한 현상이 있는데 그것이 구개음화된 음이다. 러시아어 연자음도 그 명칭이 연자음(soft consonant) 뿐만 아니라 구개음화된 자음(palatalized consonant)이라고도 한다. 한국어에서 전설 고모음 /i/나 전이음 /j/가 선행하는 비구개 자음에 영향을 주어 구개음으로 바뀌는 현상을 구개음화라고 하고, 굳이 → 구지, 미닫이 → 미다지, 끝이 → 끄치 등의 예가 있다. 러시아어에서도 한국어와 마찬가지로 러시아어 경자음이 и(i) 또는 й(j) 앞에 놓이면 경자음이 구개음으로 바뀐다. 그래서 원래 구개음이 아니지만 구개음으로 바뀐다고 하여 구개음화된 음이라고 한다. 그런데 한국어와 러시아어가 근본적으로 다른 것은 한국어에서는 치조음 /ㄷ/, /ㅌ/가 경구개음 /ㅈ/와 /ㅊ/로 바뀌는 것이지만 러시아어에서는 양순음(б, п), 순치음(в, ф), 치음(т, д, з, с), 향음(л, м, н, р), 후설음(к) 등 거의 모든 경자음이 구개음화된다는 점이다.

러시아어에서 경자음과 연자음의 식별기준은 자음이 아니라 모음표식에 있다. 자음을 구분하는데 왜 모음표식이 식별기준이냐고 의아해할 것이다. 그러나 조금만 참고 설명을 더 들어보라. 아주 간단한 예를 들면 다음과 같다. 러시아어에서 모음 a와 이에 대응되는 연자음 표시 모음 я가 있다. 자음 /т/가 모음 /a/와 결합하여 음절 /тa/가 되면 이 경우에 자음 /т/는 경자음이다. 이것은 자음 /т/와 모음 /a/와 결합하여 형성되는 기본음절이라고 할 수 있다. 그러나 /т/가 /я/와 결합하여 /тя/로 되면 문제가 좀 복잡하다. 문제를 복잡하게 하는 원인 제공자는 /я/이다. /я/는 /й/와 /a/가 결합한 것이라고 했다. 여기에서 /й/는 구개위치에 있는 연자음으로 앞에 있는 자음을 구개음화된 자음으로 만드는 원인 제공자이다. 그래서 /тя/는 /т'a/로 된다. /т'a/의 우측 상단에 (') 표시를 한 것은 그 자음이 연자음임을 표시하는 것이다. 다시 설명하면 /я/에 있는 /й/가 원인 제공자가 되어 앞에 있는 자음을 경자음에서 연자음으로 바뀌게 했다는 말이다. 이 과정을 이해하기 쉽지 않겠지만 이 과정은 바로 앞에서 설명한 한국어의 구개음화 과정과 정확하게 동일하다. 한국어와 러시아어가 다른 것은 러시아어가 한국어보다 더 포괄적으로 광범위하게 구개음화가 발생하는 것에 있다.

/я/와 같이 러시아어에서 /й/를 내포하고 있는 문자는 е, ё, ю가 더 있다. е, ё, ю는 э, о, у에 대응되는 음으로 선행자음을 연자음으로 만든다. 그래서 자음 /т/가 е, ё, ю 앞에 놓이면 앞에서 길게 설명한 과정과 동일한 방법으로 구개음화된 자음으로 된다. 이 구개음화된 자음의 또 다른 이름이 연자음이다. 그래서 명칭을 경자음과 연자음으로 구분할 수도 있고, 구개음화되지 않은 자음과 구개음화된 자음으로 구분할 수도 있다. 지금까지 한 설명을 정리하면 다음과 같이 공식화시킬 수 있다. 자음 /т/가 а, э, о, у와 결합하여 형성된 음절 та, тэ, то, ту에서 자음은 경자음이고, 자음 /т/가 я, е, ё, ю와 결합하여 형성된 음절 тя, те, тё, тю에서 자음은 연자음이다. 여러분이 보기에는 자음이 동일하고 а-я, э-е 등이 차이가 나는 것으로 보일 것이다. 그러나 시간이 지나면 а-я, э-е 등의 차이가 아니라 /та/-/т'а/, /тэ/-/т'э/ 등의 차이로 보이게 될 것이다. 이것이 보이기 시작하면 러시아어 실력이 향상되었다고 생각하면 된다. 그런데 위에서 설명한 것 외에도 러시아어에서 경자음과 연자음을 식별하는 것이 몇 가지 더 있다. ы 앞에 있는 자음은 항상 경자음이고 이 음에 대응되는 и 앞에 있는 자음은 항상 연자음이다. 그리고 ъ는 앞에 있는 자음이 경자음임을 나타내는 경음부호이고, ь는 앞에 있는 자음이 연자음임을 나타내는 연음부호이다. 다시 말하면 ъ, ь와 결합한 자음은 모음이 없이 자음만 각각 경자음과 연자음이라는 뜻이다. 좀 길게 설명하였지만 정리하자면 다음과 같다. а, о, у, э, ы, ъ 앞에 있는 자음은 경자음이고 я, ё, ю, е, и, ь 앞에 있는 자음은 연자음이다. 설명을 듣고 보니 이 순서를 어디서 많이 본 것 같지 않은가? 이것은 한국어의 단모음과 이중모음의 순서와 비슷하다. 아, 야; 오, 요; 우, 유; 에, 예; 의, 이; ... 물론 이것은 러시아어의 순서를 익히기 위한 것이지 상기의 러시아어와 한국어의 음의 특성이 동일하다는 것은 아니다. 이 한국어의 순서로 러시아어를 펼치면 а-я; о-ё; у-ю; э-е; ы-и 등이다. 먼저 나오는 것과 결합한 음절이 경자음 음절이고 뒤에 것과 결합한 음절이 연자음 음절이다. 좀 길고 장황하게 설명하였지만 러시아어를 정복하는데 경자음 음절과 연자음 음절을 구분하는 것은 대단히 중요하다. 좀 길게 설명하였지만 결론적으로 다음의 공식만 암기하면 된다.

경자음 음절	연자음 음절
та	тя
то	тё
ту	тю
тэ	те
ты	ти
ть	ть

연습문제 1 다음 명사의 어간의 끝이 경자음인지 연자음인지 구분하시오.

голова, словарь, стол, книга, лампа, дом, окно, статья, поле

경자음-연자음 동화현상

러시아어에는 유성자음-무성자음 동화현상뿐만 아니라 경자음-연자음 동화현상도 나타난다. 유성자음-무성자음 동화현상과 같이 역행동화 현상을 나타낸다. 예를 들어, 단어 скóлько는 마지막 음절 ко가 경자음 음절이기 때문에 그 앞 음절 ль이 연자음 음절이지만 뒷 음절의 영향을 받아서 경자음 음절로 바뀌게 된다: скóлько [skolkʌ]

연습문제 2 다음 단어를 따라 읽으시오.

только, сколько, правильно, большой,

§6. 러시아어 자음군의 발음

러시아어는 기본적으로 발음하기가 수월하다. 특별하게 발음을 따로 외울 필요가 없기 때문이다. 그러나 앞에서 이미 설명한 유성자음-무성자음의 동화현상, 경자음-연자음 동화현상과 앞으로 설명할 자음군의 발음현상은 따로 익혀두어야 한다.

첫째, 자음 셋이 나란히 오면 그 중 하나는 묵음이 된다. 자음군 -стн-과 -стл-은 가운데 있는 자음 т가 묵음이 되고, 자음군 -лнц-은 첫 음 л이 묵음이 된다:

стн [сн]: извéстный '유명한'　　стл [сл]: счастли́вый '행복한'
лнц [нц]: сóлнце '태양':

둘째, 음색이 유사한 자음군이 나란히 오면 음량이 작은 음이 음량이 큰 음에 흡수되어 한 음으로 동화된다. 자음군 зж에서 자음 з는 음량이 큰 ж로 흡수되어 [ж:]로 발음되고, сж는 먼저 역행 동화현상에 의하여 с → з로 되고 결과는 동일하게 [ж:]로 발음된다. 그리고 자음군 сш에서 자음 с는 음량이 큰 ш로 흡수되어 [ш:]로 발음되고, зш는 먼저 역행 동화현상에 의하여 з → с로 되고 결과는 동일하게 [ш:]로 발음된다:

зж [ж:]: приезжáть '도착하다'　　сж [ж:]: сжать '압축하다'
зш [ш:]: без шýма '조용히'　　сш [ш:]: с шýмом '시끄럽게'

셋째, 자음군 тс, тьс는 [ц]로 발음된다:

тск[цк]: свéтский '세속적인'　　тьс[ц]: учи́ться '공부하다'

넷째, 자음군 дч, тч 또는 дц는 앞에 있는 д나 т가 묵음으로 된다.

дч[ч':]: перевóдчик '통번역관'　　дц[ц:]: двáдцать '스물'

다섯째, 자음군 сч, зч는 [ш'ч'] 또는 [ш:]로 발음된다.

зч[ш'ч'] 또는 [ш:]: без че́тверти '15분 전'
сч[ш'ч'] 또는 [ш:]: с челове́ком '사람과 함께'

여섯째, 자음군 вств에서 첫 음 в가 묵음이 된다.

вств[ств]: здра́вствуй '안녕하세요'

연습문제 1 다음 단어를 발음하시오.

местный, грустный, устный, детский, двенадцать, тринадцать, смеяться, праздник, с шумом, без четверти, без шапки,

§7. 러시아어 억양

억양은 문장의 기본적인 음색, 세기, 길이 등이 변하는 것을 말한다. 억양은 문장의 의미를 구별하는 중요한 수단이고, 억양에 따라 문장의 의미가 달라질 수 있기 때문에 억양을 바르게 학습하는 것은 대단히 중요하다. 초급문법의 러시아어 억양은 다음의 네 가지 유형으로 구분할 수 있다.

제 1 억양구조(ИК-1)

제 1 억양구조는 평서문에서 표현되는 문장구조로 문장의 종결을 나타내는 곳에서 매우 분명하게 나타나고, 문장의 종결부분에서 하강구조(↘)를 가진다.

Это Анто^{1}н. '이 사람은 안똔입니다.'
Это А^{1}нна. '이 사람은 안나입니다.'
Это мо^{1}ст. '이것은 다리입니다.'

☞ 위의 문장을 보면 영어의 'is'에 해당되는 be 동사 현재형이 없다. 러시아어에서는 영어의 'is'에 해당되는 단어 есть가 있지만 특수한 경우를 제외하고는 일반적으로 생략해서 사용된다.

연습문제 1 다음 단어를 это를 사용하여 문장으로 읽으시오.

дом, книга, стол, стул, ручка, письмо, Иван, Евгений, Таня, Наташа, письмо, карандаш, тетрадь, папка

제 2 억양구조(ИК-2)

제 2 억양구조는 의문사를 가진 의문문에서 매우 뚜렷하게 나타난다. 의문사에 힘이 들어가고 문장의 종결부분에서는 평서문과 같이 하강구조(↘)를 가진다.

Кто[2] э́то? '이 사람은 누구입니까?'

Что[2] э́то? '이것은 무엇입니까?'

Что[2] ты ешь? '너는 무엇을 먹느냐?'

연습문제 2 다음 문장을 따라 읽으시오.

1. Что это? Это дом. Кто это? Это Иван.
2. Что это? Это книга. Кто это? Это Наташа.
3. Что это? Это окно. Кто это? Это сын.
4. Что это? Это машина. Кто это? Это Маша.
5. Что это? Это университет. Кто это? Это Антон.

제 3 억양구조(ИК-3)

제 3 억양구조는 의문사를 가지지 않은 의문문에서 의문을 표현할 때 사용된다. 제 3 억양구조의 요령은 묻고자 하는 단어의 강세를 억양으로 바꾸는 것에 있다. 예를 들어, 길에 지나가다가 러시아인처럼 생긴 사람을 보고 «당신은 러시아인입니까?»라는 질문을 하고 싶으면 «Вы ру́сский?»라고 하면 된다. 그런데 여기에서 단어 ру́сский의 강세가 ру에 있기 때문에 이 부분의 톤을 올려 발음하는 것에 유의해야 한다. 초급 학습자는 십중팔구 кий를 올려 발음한다. 만약에 위의 문장에서 Вы를 올려서 의문문을 만들 수도 있는데 이 경우에는 «당신은 러시아인입니까?»가 아니라 «러시아인이 당신입니까?»로 된다. 예를 들어 외국인이 많은 곳에서 러시아인을 찾아야 하는데 오랫동안 못 찾고 있다가 마침내 러시아인을 발견하고 던지는 질문이라고 할 수 있다. 이와 같이 어떤 억양을 사용하느냐에 따라 문장의 의미가 완전히 달라지기 때문에 묻고자 하는 단어의 강세를 의문억양으로 바꾸어 사용해야 한다는 것에 유의해야 한다. 초급 학습자에게 제 3 억양구조를 정확하게 발음하기가 쉽지 않다. 그러나 조금만 노력하면 얼마든지 러시아인처럼 구사할 수 있다. 동일한 문장의 자료를 가지고 여러가지 표현을 할 수 있다는 점에서 신날 수 있을 것이다.

Маша танцу^{3}ет? '마샤가 춤을 추느냐?'

Ма^{3}ша танцует? '춤을 추는 사람이 마샤냐?'

☞ 위에서 첫 번째 문장은 '춤을 추느냐 춤을 추지 않느냐?'를 묻는 것이다. 두 번째 문장은 춤을 추는 사람이 '마샤냐 마샤가 아닌 다른 사람이냐?'를 묻는 것이다.

Маши́на стои́т на мосту́. '자동차가 다리 위에 있다.'

Маши^{3}на стои́т на мосту́? '다리 위에 있는 것이 자동차냐?'

Маши́на стои^{3}т на мосту́? '자동차가 다리 위에 있느냐?'

Маши́на стои́т на мосту^3? '자동차가 있는 곳이 다리 위냐?'

☞ Машина стоит на мосту. '자동차가 다리 위에 있다.'의 문장은 위에서 설명한 바와 같이 다양한 제 3 억양구조를 사용하면 세 종류의 의문문을 구사할 수 있다. 첫 번째 의문문에서는 묻고자 하는 단어가 'машина'이다. 멀리서 보니 다리 위에 뭐가 있는 것 같은데 그 무엇이 '자동차냐 아니냐?'를 묻고자 할 때 사용하는 문장이고, 두 번째 의문문에서는 '자동차가 다리 위에 정상적으로 서 있느냐 아니면 사고가 나서 뒤집혔느냐?'를 묻는다고 가정할 수 있을 것이다. 두 번째 의문문에서는 묻고자 하는 단어가 'стоит'이다. 세 번째 의문문에서는 '자동차가 서 있는 곳이 다리 위냐 아니면 도로 위냐?'를 묻는 문장이라고 가정할 수 있다. 이와 같이 동일한 문장을 가지고 억양에 따라서 다양한 의미를 표현할 수 있다는 것이 제 3 억양구조의 특징이라고 할 수 있다.

연습문제 3 다음 문장을 따라 읽으세요.

— Вы знако[3]мы?
— Да, мы знакомы.
— Са[3]ша поёт?
— Саша.
— Саша поё[3]т?
— Поёт.

제 4 억양구조(ИК-4)

제 4 억양구조는 대비 접속사 а를 불완전 의문문에서 사용된다. 제 4 억양구조는 앞 문장과 연결된 의문을 표현한다.

— Я иду́ домо́й. А вы[4]?
— Я то́же иду́.

연습문제 4 다음 문장을 따라 읽으시오.

— Там стоит шкаф.
— А у окна[4]?
— У окна стоит стол.

— Что это?
— Это сумка.
— А э[4]то?
— Это папка.

— Я живу на шестом этаже.
— А Ната[4]ша?
— Тоже.

문법편

제1장

명사(имя существительное)의 성과 수

러시아어 명사는 대상성의 범주의미와 성, 수, 격의 어휘-문법적 범주의 특성을 지니고 있는 품사이다.

1.1. 성(род)

한국어 명사의 성에 대한 구분은 생물학적인 성에 토대를 둔 남성과 여성뿐이다. 때문에 한국어 성 범주는 구분이 뚜렷하기 때문에 구분하는 것 자체가 별 의미가 없다. 그러나 인도 유럽어 명사에서는 생물학적인 성으로 구분되지 않는 명사의 성 범주를 구분하는 언어들이 많다. 예를 들어, 독일어, 노어, 고대 영어 등은 남성, 여성, 중성의 구분이 있다.

러시아어 명사의 성 범주는 기본적으로 문법적 분류이지만 생물학적 성과 무관할 수가 없다. 생물체는 기본적으로 생물학적인 성으로 구분된다. 그러나 나머지 명사는 어미에 의하여 형식화되어 있다.

먼저 성의 형식적 구분을 먼저 살펴보자.

명사 성의 형식적 구분은 경자음 기본형과 연자음 형태로 나누어진다.

☞ 러시아어 명사와 형용사 변화는 경자음 변화가 기본형이고, 이 경자음 변화형에서 연자음 변화형이 유도되어 나온다. 경자음 기본형은 암기해야 하고 연자음 변화형은 암기가 아니라 이해해야 하는 영역이다. 그렇지 않고 경자음 변화형과 연자음 변화형을 모두 암기하려 하면 러시아어 문법이 처음부터 너무 어렵게 여겨진다. 그러나 경자음 변화형을 기본으로 암기하고 연자음 변화형은 경자음 변화형에서 유도되어 나오는 규칙으로 이해하면 문법의 체계가 세워지고 문법이 통(通)하게 될 것이다.

명사어간이 경자음으로 끝나 있는 경자음 기본형에서 남성명사는 경자음으로 끝나고, 여성명사는 어미 -a로 끝나고, 중성명사는 -o로 끝난다.

명사의 경자음 기본형

남성명사	여성명사	중성명사
-#	-a	-o

☞ 모든 명사는 어간과 어미로 구분된다. 예를 들어, 여성명사 **книга**에서 어간은 **книг**-까지고 어미는 -a이다. 그리고 중성명사 **письмо**에서 어간이 **письм**-까지고 어미가 -o이다. 이와 같이 여성명사와 중성명사는 어미가 있기 때문에 어간과 어미를 분명하게 구분할 수 있다. 그러나 명사 **дом**에서는 어미가 없고 어간으로만 끝나 있다. 러시아어에서 마지막 철자법 개정이 있어났던 1918년 이전에는 경자음 기본형의 남성명사에도 어미를 나타내는 **ъ**가 있었지만 이 경음부호가 탈락된 후로 명사 경자음 기본형에서 제로어미(zero ending) 형태가 만들어졌다. 그래서 남성명사 경자음 기본형에서 어미가 없다는 표시로 -# 표시를 하였다.

명사어간이 연자음으로 끝나 있는 명사에서 남성명사는 연자음 -й로 끝나고, 여성명사는 어미 -я 로 끝나고, 중성명사는 -ё, -e로 끝난다.

명사의 연자음 유형

남성명사	여성명사	중성명사
-й	-я	-ё, -e

☞ 명사어간이 연자음으로 끝나 있는 유형은 앞에서 이미 언급한 바와 같이 암기하는 것이 아니라 이해해야 한다. 먼저 명사어간이 연자음으로 끝나 있는 것을 식별할 수 있어야 한다. 예를 들어 남성명사의 경우 -й가 연자음이기 때문에 -й로 끝나 있는 명사는 연자음 변화유형에 속한다. 예를 들어 **герой** '주인공', **музей** '박물관' 등은 연자음 변화유형에 속한다. 그러나 여성명사와 중성명사의 경우에는 단어의 어간과 어미를 분석해야 한다. 예를 들어 **семья** '가족'의 경우 어간은 **семь**-가 아니고 **семьй**-까지다. 여기에 여성명사 어미 -a를 붙이면 **семьйа**인데 러시아어에서는 이와 같이 쓰지 않고 **семья**로 쓴다. 그리고 **ружьё** '소총'의 경우에도 어간은 **ружь**-가 아니라 **ружьй**-이다. 여기에 중성명사 어미 -o를 붙이면 **ружьйо**인데 역시 러시아어에서는 이와 같이 쓰지 않고 **ружьё**로 쓴다. 그래서 단어 **семья, ружьё**는 어간의 끝이 연자음 **й**로 되어 있는 연자음 변화유형에 속한다. 초급 학습자의 경우에는 이와 같은 설명이 좀 어렵게 여겨질 것이다. 그러나 러시아어는 특히 명사와

형용사 변화가 경자음 변화와 연자음 변화로 뚜렷하게 구분되기 때문에 먼저 단어를 보고 해당 단어의 어간이 경자음으로 끝나 있는지 연자음으로 끝나 있는지 식별할 수 있어야 한다. 그런데 이것을 식별하기가 그렇게 어렵지 않다. «а, я; о, ё; у, ю; э, е; ы, и»의 문자 시리즈를 알고 있으면 자음이 «а, о, у, э, ы»와 결합한 음절이면 경자음 음절이고, 자음이 «я, ё, ю, е, и»와 결합한 음절이면 연자음 음절이라고 암기하면 된다. 이 순서는 흡사 한국어 단모음과 복모음인 «아, 야; 오, 요; 우, 유; 에, 예; 의, 이»의 순서와 유사하니 기억하기 어렵지 않을 것이다.

그리고 명사 어미로 명사의 성을 식별할 수 없는 것이 있다. 그것은 연음부호 -ь로 끝나는 명사인데 이 유형에는 남성명사와 여성명사가 있다. -ь로 끝나는 명사는 기본적으로 암기해야 하지만, 명사의 의미와 접미사에 따라 명사의 성을 추정할 수 있는 경우도 있다. 예를 들어, 접미사 -тель, -арь는 남성 직업을 나타내는 접미사이기 때문에 남성명사이고(учи́тель '선생님', писа́тель '작가', библиоте́карь '도서관 사서' 등), 추상적인 의미를 나타내는 접미사 -ость, -есть(но́вость '소식', ра́дость '기쁨'), -знь(жизнь '삶'), -сть(честь '명예'), -сь(высь '하늘의 높은 곳'), -вь(любо́вь '사랑'), -бь(про́рубь '얼음 구멍'), -пь(степь '스텝, 대초원') 등은 여성명사이고 월의 명칭은 모두 남성명사이다(янва́рь '1월', февра́ль '2월', апре́ль '4월' 등). 그리고 특수한 형태로 -мя로 끝나는 중성명사가 있다(вре́мя '시간', и́мя '이름', се́мя '종자' 등).

연습문제 1 다음 명사의 성을 정하시오.

офис, стол, ручка, книга, бумага, лампа, окно, телефон, комната

연습문제 2 다음 명사의 성을 정하시오.

улица, кухня, музей, стена, дом, край, семья, здание, яйцо, музыка, ресторан, комната, неделя, письмо, поле

연습문제 3 다음 명사의 성을 정하시오.

любовь, радость, власть, жизнь, честь, дождь, рубль, госпиталь, нуль, день, огонь, дверь, смерть, осень, соль, цель, тетрадь, нефть, роль

지금까지 설명한 것은 생물학적인 자연성으로 성을 구별할 수 없는 경우이다. 그러나 자연성으로 명사의 성을 구별할 수 있는 경우에는 어미와 관계없이 자연성으로 결정된다. 현대 러시아어에서 여성형태를 하고 있는 남성명사는 있지만, 남성형태를 하고 있는 여성명사는 없다. 그렇기 때문에 자연성의 구분에서 여성형태를 하고 있는 남성명사만 주의하면 된다. 예를 들어, мужчи́на '남자'는 여성형태를 하고 있지만 문법성은 남성이다.

명사 성 구분방법

경/연자음	남성	여성	중성
경자음	-#	-а	-о
연자음	-й	-я	-ё, е
기 타	-ь		-мя

총성명사(общий род)

러시아어에서는 남성과 여성 모두를 표시할 수 있는 명사가 있는데 이를 총성명사라고 한다. 이러한 명사들은 문맥에 따라서 남성과 여성으로 사용된다.

сирота́ '고아', у́мница '명석한 사람', пья́ница '술꾼', запева́ла '합창의 선창자'

1.2. 수(число)

현대 러시아어에서 수 범주는 단수와 복수로 서로 대립되어 있다. 고대교회 슬라브어에서는 쌍수범주가 있었지만 사라졌다.

1.2.1. 명사 복수어미

1.2.1.1. 남성명사와 여성명사의 복수어미

남성명사와 여성명사의 복수어미는 어간의 끝이 경자음으로 끝나는 경자음 기본형과 연자음 유형 그리고 기타 유형으로 구분된다.

남성명사와 여성명사 복수어미의 경자음 기본형은 **-ы**이다.

남성명사와 여성명사의 복수어미 경자음 기본형

성	단수	복수
남성	-#	-ы
여성	-а	

☞ 남성명사 **студент**는 어미가 없기 때문에 이 명사에 그대로 복수어미 **-ы** 를 붙이면 복수 **студенты**로 된다. 그러나 여성명사 **комната**는 이 명사에서 여성 단수 기능을 하는 어미 **-а**를 제거하고 복수 기능을 하는 새로운 어미 **-ы**를 붙여서 복수 **комнаты**로 된다. 결과적으로는 남성명사와 여성명사의 복수어미 **ы**가 동일하지만 과정은 서로 다르다. 남성명사는 제로어미라서 바로 붙이고 여성명사는 어미를 제거하고 붙인다.

어간의 끝이 연자음인 남성명사와 여성명사의 복수어미는 **-и**이다. 이 유형에 속하는 남성명사는 **геро́й** '주인공', **музе́й** '박물관', **писа́тель** '작가' 등이 있고 여성명사는 **дере́вня** '시골마을', **статья́** '논문', **ли́ния** '노선', **дождь** '비', **пло́щадь** '광장' 등이 있다. 이 명사의 복수주격은 **геро́и, музе́и, писа́тели, дере́вни, статьи́, ли́нии, дожди́, пло́щади** 등이다.

☞ 어간의 끝이 연자음으로 끝나는 남성명사와 여성명사의 복수어미가 왜 **-и**로 되는 지 설명하면 다음과 같다:

1) **герой:** 앞에서 이미 설명한 바와 같이 **й**는 연자음이다. 명사 복수형태를 만들기 위해서는 복수어미 **-ы**를 사용해야 하지만 연자음 뒤에는 어미 **-ы**가 올 수 없다. 왜냐하면 **-ы**는 항상 경자음 뒤에만 사용되기 때문이다. 잘 이해가 안되면 본 책의 25쪽에 있는 «러시아어 경자음과 연자음»을 참고하시오. 어미 **-ы**에 대응되는 음은 **-и**이다. 그래서 «герой + и»에서 «йи → и»의 음운변화를 일으켰고 결국에는 **герои**로 되었다.

2) **писатель:** **писатель**의 마지막 음절 **ль**은 연자음 음절이다. 이것은 자음 **л**만 연자음인 것을 나타낸다. 자음의 연음성은 문자의 우측 상단에 (')를 표기하여 **л'**로 표기되어 있다. 따라서 단어 **писатель**은 어간이 연자음으로 끝나는 연자음 변화유형에 속하는 단어이다. 복수어미 **-ы**는 연자음 음절과 함께 사용될 수 없기 때문에 이 음에 대응되는 **-и**를 사용하여 «писател' + и → писатели»로 된다. **-ь**로 끝나는 남성명사이든 여성명사이든지 간에 모두 이와 같은 방법으로 만들어진다.

3) **деревня:** **деревня**의 마지막 음절 **-ня**는 연자음 음절이다. 이 음절을 분석하면 **я**에 포함되어 있는 **й**가 앞에 있는 자음 **н**을 연자음으로 만들어 결과적으로 **-н'а**로 되었다. 그래서 **деревня**의 어간은 어미 **-а**를 제거하고 난 **деревн'**이다. 여기에 복수형태를 만들면, 어간의 끝이 연자음이기 때문에 복수어미 **-ы**를 사용할 수 없고 대응되는 **и**를 사용해야 하고, 결국 «деревн' + и → деревни»로 된다.

4) **статья:** **статья**의 어간은 여성어미 **-а**를 제거하고 한 **статьй**이다. 앞의 **герой**에서 설명한 바와 같이 **й**는 연자음이다. 복수를 만들기 위해서는 복수어미 **-ы**를 사용해야 하지만 연자음 뒤에는 어미 **-ы**가 올 수 없기 때문에, 어미 **-ы**에 대응되는 음 **-и**를 사용하여 «статьй + и»가 되어야 하지만 «йи → и»의 음운변화를 일으켜서 결국 **статьи**로 되었다.

5) **линия:** **линия**의 어간은 여성어미 **а**가 제기되고 남은 형태인 **линий**이다. 그러므로 연자음 변화유형에 속한다. 복수형태를 만들기 위해서 복수어미 **-ы**를 사용해야 하지만 연자음 뒤에는 어미 **-ы**가 올 수 없기 때문에, 어미 **-ы**에 대응되는 음 **-и**를 사용하여 «линий + и»가 되어야 하지만 «йи → и»의 음운변화로 인하여 결국 **линии**로 되었다.

그리고 어간의 끝이 г, к, х로 끝나는 남성명사 또는 여성명사의 복수어미도 -и이다. 이 유형에 속하는 남성명사는 враг '적', звук '음(sound)', пастýх '목동' 등이 있고, 여성명사는 нога́ '다리', фа́брика '경공업 공장', старýха '노파' 등이 있다. 이 명사들의 복수주격은 враги́, звýки, пастухи́, но́ги, фа́брики, старýхи 등이다.

☞ 이 유형은 г, к, х 뒤에 ы를 못쓰고 и를 써야 하는 러시아어 정자법 규칙 때문이다. 어미를 제거하고 어간만 생각하면 남성명사이든 여성명사이든 어간이 г, к, х로 끝나는 것은 동일하다.

마지막으로 어간의 끝이 쉿소리(ж, ч, ш, щ)로 끝나는 남성명사 또는 여성명사의 복수어미도 -и이다. 이 유형에 속하는 남성명사는 нож '칼', врач '의사', каранда́ш '연필', плащ '우비' 등이 있고, 여성명사는 ко́жа '가죽', уда́ча '성공', но́ша '짐', ро́ща '숲' 등이 있다. 이 명사들의 복수주격은 ножи́, врачи́, карандаши́, плащи́, ко́жи, уда́чи, но́ши, ро́щи 등이다.

☞ 이 유형도 쉿소리 뒤에 ы를 못쓰고 и를 써야 하는 러시아어 정자법 규칙 때문이다. 그러나 이 유형을 앞의 г, к, х와 함께 설명하지 않는 것은 변화유형이 서로 다르기 때문이다. г, к, х의 경우에는 ы → и뿐이지만 쉿소리는 이 규칙 외에 다른 규칙도 있다.

따라서 남성명사와 여성명사 복수어미를 익힐 때 해당 명사의 어간의 끝이 경자음으로 끝나는 경우에는 복수어미가 -ы 그리고 어간의 끝이 연자음 또는 -г, -к, -х; -ж, -ч, -ш, -щ 등으로 끝나는 경우에는 복수어미는 -и라고 정리하면 될 것이다. 이것을 정리하여 표로 그리면 다음과 같다:

남성명사와 여성명사 복수어미

경자음	연자음 또는 -г, к, х; ж, ч, ш, щ
-ы	-и

연습문제 1 다음 명사의 복수를 쓰시오.

офис, стол, лампа, телефон, комната, журнал, инженер, жена, мама, машина, квартира, студент, вопрос, магазин, текст, картина

연습문제 2 다음 명사의 복수를 쓰시오.

семья, кухня, секретарь, читатель, любовь, музей, тетрадь

연습문제 3 다음 명사의 복수를 쓰시오.

диалог, язык, аптека, парк, банк, геолог, урок, книга, фабрика, диск

연습문제 4 다음 명사의 복수를 쓰시오.

этаж, карандаш, нож, пастух, роща, пляж, гараж, врач

1.2.1.2. 중성명사의 복수어미

중성명사 복수어미의 경자음 기본형은 -a이다.

중성명사 복수어미 경자음 기본형

단수	복수
-o	-a

☞ 중성명사 окно의 마지막 음절 но는 경자음 음절이다. 따라서 이 단어는 경자음 변화 유형에 속한다. 이 명사에서 중성명사 단수기능을 하는 어미 -o를 제거하고 복수기능을 하는 새로운 어미 -a를 붙여서 окна로 된 것이다.

연습문제 5 다음 명사의 복수를 쓰시오.

окно, письмо, лицо, вино, право, место, зеркало, слово, яйцо

중성명사 어간이 연자음으로 끝나는 경우의 복수어미는 -я이다. 그러나 이 부분은 암기해야 하는 영역이 아니라 이해해야 하는 영역이다. 어간이 연자음으로 끝나면 여기에 어미 -a를 붙이면 자동적으로 -я로 되기 때문이다.

중성명사 복수어미

경자음	연자음
-a	-я

☞ 반복해서 강조하지만 러시아어 문법을 습득할 때에 경자음 기본형은 암기하고, 연자음 변화는 경자음 변화에서 유도되어 나오는 규칙으로 이해해야 한다. 예를 들어, здание의 복수어미 형성과정을 살펴보자. 일차적으로 이 단어가 연자음 변화 유형이라는 것을 알아차려야 한다. 이 단어의 마지막 음절은 -ние이다. 이 부분을 분석하면 «ний + э»이다. 여기에서 마지막 -э가 어미이다. 따라서 이 부분을 제거하고 나면 ний가 남는데 보는 바와 같이 연자음 -й로 끝나있는 연변화에 속한다. 이 부분에 복수어미 -a를 붙이면 결과적으로 «зданий + a → здания»로 된다. 이 부분은 암기하는

영역이 아니라 경자음에서 규칙에 따라 자동으로 유도되어 나오는 영역이다. 동일한 방법으로 단어 **ружьё**를 분석해 보자. 이 단어의 마지막 음절 **-ё**는 **«йо»**이다. 여기에서 어미 **-о**를 제거하고 나면 연자음 **й**만 남는다. 따라서 이 단어도 연자음 변화유형에 속한다. 어간 **ружьй**에 복수어미 **-а**를 붙이면 «ружьй + а → ружья»로 된다. 마지막으로 단어 **море**를 분석해보자. 이 단어의 마지막 음절 **-ре**는 **-е(йэ)** 속에 있는 음 **й**로 인하여 선행하는 **р**를 연자음으로 만든다. 그래서 **ре**는 **р'э**로 된다. 여기에서 어미 **-э**를 제거하고 나면 연자음 **-р'**만 남는다. 그래서 이 단어도 연자음 변화유형에 속한다. 어간 **мор'**에 복수어미 **а**를 붙이면 «мор' + а → моря»로 된다. 이 경우에는 **р'** 속에 있는 «연자음성»과 복수어미 -а가 결합하여 -я로 된 경우이다.

연습문제 6 다음 단어의 복수를 만들고 위의 분석방법으로 설명하시오.

собрание, впечатление, поле, копьё, упражнение, предложение

1.2.1.3. 특수한 유형의 복수어미

여기서 소개되는 대부분의 복수어미는 현대 러시아어 문법규칙에 적용되지 않는 경우다. 이러한 경우는 거의 대부분 고대 러시아어에서 사용되었던 어휘가 현대 러시아어에 남아있는 경우이다. 이러한 유형은 더 이상 현대 러시아어 문법규칙에 적용되지 않지만 자주 사용되는 경우가 많기 때문에 알아두어야 한다.

1.2.1.3.1. 남성명사에서 복수어미가 -а(-я)인 경우

고대 러시아어에서 남성명사 복수가 어간의 끝이 경자음으로 끝나면 **-а**, 연자음으로 끝나면 **-я**를 가지는 경우가 있었다. 형태소적인 특징은 이 유형의 단어들은 항상 어미에 강세가 떨어진다.

단수	복수	단수	복수
дом '집'	домá	гóлос '목소리'	голосá
глаз '눈동자'	глазá	дóктор '박사'	докторá
лес '숲'	лесá	гóрод '도시'	городá
снег '눈'	снегá	край '가장자리'	края́
бéрег '강변'	берегá	профéссор '교수'	профессорá
вéчер '저녁'	вечерá	учи́тель '선생님'	учителя́

☞ край와 учитель은 어간의 끝이 연자음이기 때문에 «а → я»로 되었다.

연습문제 7 다음 명사의 복수를 쓰시오.

дом, глаз, город, паспорт, учитель, профессор, доктор, парус

1.2.1.3.2. 남성명사, 중성명사에서 복수어미가 -ья인 경우

고대 러시아어에서 복수어미가 **-ья**인 경우가 있었다. 주로 남성명사와 중성명사의 복수형태로 사용되었다.

단수	복수	단수	복수
брат '형제'	брáтья	перó '펜'	пéрья
лист '나뭇잎'	ли́стья	дéрево '나무'	дерéвья
стул '의자'	стýлья	крылó '날개'	кры́лья

1.2.1.3.3. 단수 또는 복수에서 -ен-, -ес-, -ер-를 가지는 경우

동사원형에 없는 형태가 단수 또는 복수 변화에서 나타나는 경우가 있다. 이러한 유형도 모두 고대 러시아어에서 사용되었던 유형이 현대 러시아어에 남아 있는 경우다.

첫째, **-мя**로 끝나는 중성명사는 단수와 복수에서 **-ен-**이 나타난다.

врéмя '시간' — временá　　　　　　　и́мя '이름' — именá

☞ 이 유형의 단어는 고대 러시아어에서 -мен- 어간 명사였다. 이 어간은 현대 러시아어에서 사라졌지만 단수와 복수 격변화를 하는 과정에서 다시 나타났다.

둘째, 중성명사 нéбо '하늘', чýдо '기적'는 복수변화에서 -ес-가 나타난다.

нéбо '하늘' — небесá　　　　　　　чýдо '기적' — чудесá

☞ 이 유형의 단어는 고대 러시아어에서 -ес- 어간의 명사였다. 이 유형의 단어는 대부분 사라지고 현대 러시아어에서는 небо, чудо의 복수에서만 남아있다.

셋째, 여성명사 дочь '딸', мать '어머니'는 단수와 복수변화에서 -ер-가 나타난다.

дочь '딸' — дóчери　　　　　　　мать '어머니' — мáтери

☞ 이 유형의 단어는 고대 러시아어에서 -ер- 어간의 명사였다. 이 단어의 어간도 현대 러시아어에서 사라졌지만 복수 격변화를 하는 과정에서 다시 나타났다.

연습문제 8 다음 명사의 복수를 쓰시오.

брат, стул, время, чудо, дочь, мать, дерево

1.2.1.4. 특수한 형태

이외의 특수한 명사의 복수어미도 거의 대부분 고대 러시아어에서 형성된 것이다. 주요한 것을 열거하면 다음과 같다.

첫째, -анин(-янин) — -ане(-яне) 유형

христиани́н '크리스찬' — христиáне

крестьяни́н '농민' — крестья́не

둘째, -онок(-ёнок) — -ата(-ята)

ребёнок '갓난아이' — **ребя́та**

☞ ребята 의 다른 형태로 дети를 사용하기도 한다.

연습문제 9 다음 명사의 복수를 쓰시오.

крестьянин, господин, чудо, перо, дом

연습문제 10 다음 명사의 복수를 쓰시오.

студент, магазин, мальчик, врач, город, человек, проблема, текст, язык, глаз, квартира, комната, картина, дверь, друг, человек, слово, окно

Word Study 1. 호칭

러시아인의 이름의 완전한 호칭은 이름(Виктор) + 부칭(Сергеевич) + 성(Иванов)의 순서로 되어 있다. 그러나 일반적으로 호칭을 사용할 때 이름만 말하거나 이름과 부칭을 사용한다. 이름만 말하는 경우는 친구 사이에서나 서로 격의 없이 지내는 사람들 사이에서 사용하고 존칭으로 사용할 때는 이름에 부칭을 붙여서 말한다. 필자의 개인적인 경험을 말씀드리면 한번은 러시아 아카데미 회원의 집에서 홈스테이를 한 적이 있었다. 남편은 이미 돌아가셨고 의사인 부인과 첫 인사를 나누는데 나의 러시아어 이름이 Евгений라고 했더니 그 부인이 하는 말이 부칭이 무엇이냐고 물어보는 것이었다. 당연히 한국인의 이름에는 부칭이 없다면서 머뭇거리고 있는 저에게 러시아인은 상대방을 존칭으로 부를 경우에 반드시 부칭을 함께 사용해야 한다고 해서 할 수 없이 러시아에서 가장 흔한 이름인 Иван을 사용하여 나의 부칭을 Иванович라고 했다. 그때 나도 그 부인을 부를 때 항상 이름과 부칭을 붙여서 불러주었는데 그 분이 그렇게 좋아했던 기억이 난다.

제2장
동사원형(инфинитив), 인칭(лицо), 시제(время)

현대 러시아어에서 동사는 행위와 상태의 기본의미를 가진다. 그리고 이 의미는 인칭, 시제, 법, 상 등의 하위범주에서 실현되고, 특수한 형태로 형동사와 부동사 형태가 있다.

2.1. 동사원형(инфинитив)

동사원형은 행위를 명명하지만 인칭이나 시제를 표시하지는 않는다. 동사원형은 단어의 끝에 원형 접미사의 모양에 따라 **-ть**(**чита́ть** '읽다'), **-ти**(**нести́** '가지고 가다'), **-чь**(**берéчь** '소중히 하다')의 세 유형이 있다. 이 중에서 **-ть**를 가진 첫 번째 유형이 가장 많고 그 다음이 **-ти** 유형이고 그리고 **-чь** 유형은 얼마되지 않는다. 그리고 강세와 관련하여 첫 번째 유형은 여러 음절에 강세가 떨어지는 자유강세이고, 두 번째 유형은 항상 원형 접미사 **-ти** 위에 떨어지고(**идти́** '걸어가다', **расти́** '자라다'), 세 번째 유형은 원형 접미사 **-чь** 바로 앞 음절에 떨어진다(**берéчь** '소중히 하다', **мочь** '가능하다').

☞ **동사원형 어간 찾는 방법**

러시아어 동사어간은 동사원형 어간과 현재시제 어간(또는 단일 미래시제 어간)이 있다. 여기서 동사원형 어간을 찾는 법을 알아보자. 동사원형에서 접미사를 제외하면 동사원형 어간이 된다. 예를 들어, **читать** '읽다', **нести** '휴대하다' 등에서 접미사 **-ть**, **-ти**를 제외하고 남은 부분, 즉 **чита-**, **нес-**가 동사원형 어간이다. 동사 과거시제, 형동사 과거시제, 완료상 부동사 등은 동사원형 어간에서 만들어진다. 이 부분에 대해서는 나중에 해당 부분에서 자세하게 설명할 것이다.

연습문제 1 다음 동사를 유형별로 분류하고 동사원형 어간을 찾으시오.

читать, нести, понимать, спасти, беречь, работать, мочь, найти

2.2. 인칭(лицо)과 현재시제 또는 단일 미래시제

문장에서 주체, 즉 주어가 어떤 역할을 하느냐에 따라서 주체가 말하는 자라면 1인칭, 주체가 말을 듣는 자라면 2인칭, 주체가 이것도 저것도 아니면 3인칭이라고 한다. 러시아어에서는 현재시제와 미래시제에서는 인칭을 구분하고, 인칭과 시제는 서로 연관되어 있다. 때문에 인칭과 수를 함께 다루어야 한다.

한국어에서 현재시제의 인칭은 어미변화를 하지 않는다. 예를 들어, '나는 일한다', '너는 일한다', '그는 일한다' 등의 인칭변화에도 불구하고 '일한다'는 변하지 않는다. 그러나 러시아어에서, 단수 1인칭 어미는 **-ю**, 단수 2인칭 어미는 **-ешь**, 단수 3인칭 어미는 **-ет**등으로 인칭이 해당 어미를 따로 가진다. 러시아어 인칭어미의 특징은 모든 인칭이 자신의 어미를 따로 가지고 있다는 것이다. 이 때문에 인칭어미만 보면 몇 인칭인지를 알 수 있다. 그래서 러시아어에서 회화체에서 전후 문맥을 통하여 알 수 있는 인칭 대명사는 생략해서 사용되는 경우가 많다.

그리고 시제범주는 동사로 표현된 과정과 발화 사이에서 시제관계를 표시한다. 러시아어에서 과정과 발화가 동시에 실현되는 것은 현재시제, 과정이 발화에 선행하여 실현되는 것은 과거시제, 과정이 발화보다 나중에 실현되는 것은 미래시제로 구분된다.

☞ **동사 현재시제 또는 단일 미래시제 어간 찾는 방법**

동사 현재시제와 단일 미래시제는 만드는 방법이 동일하다. 현재시제 어간의 끝이 어떻게 끝나는지 알기 위해서는 단수 1인칭 또는 복수 3인칭 형태에서 어미를 제거하면 된다. 예를 들어, 동사 **идти** '걸어가다'의 복수 3인칭은 **идут**이고, 어간은 **ид-**이고, 어미는 어간을 제외한 나머지 **-ут**이다. 그리고 동사 **писать** '쓰다'의 복수 3인칭은 **пишут**인데, **пиш-**까지가 어간이고, 어간을 제외한 나머지 **-ут**가 어미이다. 이와 같이 어간의 끝이 자음으로 끝나는 경우에는 어간과 어미의 구분이 문자로 뚜렷하게 구분된다. 그러나 동사 работать의 복수 3인칭은 работают이다. 이 같은 동사의 어미는 -ют가 아니다. 이 -ют의 -ю-는 이미 설명한 바와 같이 йу를 한 문자로 표시한 것이라 했다. 여기에서 й까지가 어간에 속하고, 어미는 -ут이다. 따라서 어간은 работа-가 아니라 работай-다. 현재시제 어간은 명령법, 능동 형동사 현재, 불완료상 부동사를 형성하는데 사용된다. 이 부분에 대해서는 나중에 해당 부분에서 자세하게 설명할 것이다.

러시아어 동사 인칭변화 형태는 е식 변화, и식 변화, 이 양 변화의 혼합형 세 가지로 나누어진다. е식 변화는 단수 2, 3인칭과 복수 1, 2인칭의 어미에 е가 포함되어 있는 유형을 말하고, и식 변화는 단수 2, 3인칭과 복수 1, 2인칭의 어미에 и가 포함되어 있는 유형을 말하고, 그리고 혼합형은 е식 변화와 и식 변화가 혼합되어 있는 유형을 말한다.

2.2.1. е식 변화

е식 변화의 기본형은 -у, -ешь, -ет, -ем, -ете, -ут이지만, 동사 현재형 어간이 모음으로 끝나면 -ю, -ешь, -ет, -ем, -ете, -ют로 되고, е 위에 강세가 있으면 -у(-ю), -ёшь, -ёт, -ём, -ёте, -ут(-ют)로 된다. 동사 현재형 어간이 모음으로 끝나면 단수 1인칭과 복수 3인칭에서 -ю, -ют로 되는 것은 어간의 끝의 연자음성에 기본형 어미 -у, -ут가 부가되면 -ю, -ют로 되기 때문이다.

아래의 몇몇 예들을 통하여 동사 е식 현재시제 변화형을 살펴보자.

чита́ть '읽다'의 변화형:

인칭	단 수		복 수	
	러시아어	인칭어미	러시아어	인칭어미
1인칭	Я чита́ю (читай+у).	-ю	Мы чита́ем.	-ем
2인칭	Ты чита́ешь.	-ешь	Вы чита́ете.	-ете
3인칭	Он чита́ет.	-ет	Они чита́ют (читай+ут).	-ют

Я читáю кни́гу. '나는 책을 읽는다.'

Он читáет по-рýсски. '그는 러시아어로 읽는다.'

Он читáет вслух. '그는 큰소리로 읽는다.'

писáть '쓰다'의 변화형:

인칭	단 수		복 수	
	러시아어	인칭어미	러시아어	인칭어미
1인칭	Я пишý.	-у	Мы пи́шем.	-ем
2인칭	Ты пи́шешь.	-ешь	Вы пи́шете.	-ете
3인칭	Он пи́шет.	-ет	Они пи́шут.	-ут

Я пишý письмó домóй. '나는 편지를 집으로 쓴다.'

Он мне чáсто пи́шет. '그는 나에게 자주 편지를 쓴다.'

Это перó хорошó пи́шет. '이 펜은 잘 써진다.'

занимáться '종사하다'의 변화형:

인칭	단 수		복 수	
	러시아어	인칭어미	러시아어	인칭어미
1인칭	Я занимáюсь (занимай+у+сь).	-ю-сь	Мы занимáемся.	-ем-ся
2인칭	Ты занимáешься.	-ешь-ся	Вы занимáетесь.	-ете-сь
3인칭	Он занимáется.	-ет-ся	Они занимáются (занимай+ут+ся).	-ют-ся

☞ 동사원형에서 -ся로 끝나는 동사변화는 -ся 앞의 어미가 모음으로 끝나면 -ся, 자음으로 끝나면 -сь로 된다.

연습문제 2 다음 동사를 현재시제 또는 단일 미래시제로 변화시키시오.

понимать, читать, знать, писать, делать, слушать, сделать, написать

2.2.2. и식 변화

и식 변화의 기본형는 -у, -ишь, -ит, -им, -ите, -ат이지만, 동사 현재형 어간이 모음으로 끝나면 -ю, -ишь, -ит, -им, -ите, -ят로 된다. 동사 현재형 어간이 모음으로 끝나면 단수 1인칭과 복수 3인칭에서 어간의 끝의 연자음성에 기본형 어미 -у, -ат가 부가되면 -ю, -ят로 된다.

아래의 몇몇 예들을 통하여 동사 и식 현재시제 변화형을 살펴보자.

говори́ть '읽다'의 변화형

인칭	단 수		복 수	
	러시아어	인칭어미	러시아어	인칭어미
1인칭	Я говорю́ (говор'+у).	-ю	Мы говори́м.	-им
2인칭	Ты говори́шь.	-ишь	Вы говори́те.	-ите
3인칭	Он говори́т.	-ит	Они говоря́т (говор'+ат).	-ят

Он всегда́ говори́т одно́ и то же. '그는 항상 똑같은 말만 한다.'

Он говори́т по-ру́сски. '그는 러시아어로 말한다.'

Они́ говоря́т о́чень до́лго. '그는 매우 오랫동안 말한다.'

купи́ть '사다'의 변화형

인칭	단 수		복 수	
	러시아어	인칭어미	러시아어	인칭어미
1인칭	Я куплю́ (куп+л'+у).	-ю	Мы ку́пим.	-им
2인칭	Ты ку́пишь.	-ишь	Вы ку́пите.	-ите
3인칭	Он ку́пит.	-ит	Они ку́пят (куп'+ат).	-ят

☞ 동사원형에서 어간이 б, п, в, ф, м로 끝나면 단수 1인칭에서 자음 л이 삽입된다. 이 유형에 속하는 동사는 любить '사랑하다', купить '구입하다', кормить '먹이다' 등이 있다. Я куплю эту книгу. '나

는 이 책을 구입할 것이다.', **Он купит эту куклу мне.** '그는 나에게 줄 이 인형을 구입할 것이다.'

☞ **купить**는 완료상 동사이므로 단일 미래시제가 된다. 완료상 동사의 의미에 대해서는 추후에 자세하게 설명할 것이다.

стучáть '두드리다'의 변화형

인칭	단 수		복 수	
	러시아어	인칭어미	러시아어	인칭어미
1인칭	Я стучý.	-у	Мы стучи́м.	-им
2인칭	Ты стучи́шь.	-ишь	Вы стучи́те.	-ите
3인칭	Он стучи́т.	-ит	Они́ стучáт.	-ат

Я стучý в дверь. '나는 문을 노크한다.'

Сéрдце си́льно стучи́т. '심장이 두근두근한다.'

У негó стучáт зýбы. '그는 이가 덜덜 떨린다.'

연습문제 3 다음 동사를 현재시제 또는 단일 미래시제로 변화시키시오.

ходить, говорить, стучать, любить, готовить, просить, купить

2.2.3. 혼합식 변화

혼합식 변화 동사는 앞의 e식 변화와 и식 변화가 혼합되어 있는 변화를 말하고, 대표적인 예로 хотéть '원하다'를 들 수 있다. 이 동사는 단수에서는 e식 변화를 하고, 복수에서는 и식 변화를 한다.

인칭	단 수		복 수	
	러시아어	인칭어미	러시아어	인칭어미
1인칭	Я хочý.	-у	Мы хóтим.	-им
2인칭	Ты хóчешь.	-ешь	Вы хóтите.	-ите
3인칭	Он хóчет.	-ет	Они хотя́т (хот'+ат).	-ят

Я хочý хлéба. '나는 빵을 좀 먹고 싶다.'

Мы хоти́м читáть газéту. '우리는 신문을 읽고 싶다.'

Он хóчет занимáться рýсским языкóм. '그는 러시아어 공부를 하고 싶다.'

2.2.4. 기타 특수한 형태

жить '살다'의 변화형

인칭	단 수		복 수	
	러시아어	인칭어미	러시아어	인칭어미
1인칭	Я живý.	-у	Мы живём.	-ём
2인칭	Ты живёшь.	-ёшь	Вы живёте.	-ёте
3인칭	Он живёт.	-ёт	Они живýт.	-ут

☞ 이 동사의 기본어간은 жив-이지만, 동사원형에서 в가 탈락하여 жить로 되었다가, 현재시제 변화를 할 때 탈락된 이 어간이 다시 나타났다.

Он живёт в Москвé. '그는 모스끄바에서 산다.'

Мы живём дрýжно. '우리는 사이좋게 산다.'

Его слова живýт в моём сéрдце. '그의 말은 내 마음 속에 살아있다.'

дава́ть '주다'의 변화형

	단 수		복 수	
	러시아어	인칭어미	러시아어	인칭어미
1인칭	Я даю́ (дай+у).	-у	Мы даём.	-ём
2인칭	Ты даёшь.	-ёшь	Вы даёте.	-ёте
3인칭	Он даёт.	-ёт	Они даю́т (дай+ут).	-ут

☞ 이 동사의 기본어간은 дава-이지만, 현재시제 변화에서는 ва가 탈락한다. 접미사 -ва- 앞에 да-, зна-, ста-가 있는 경우에는 이와 같이 탈락한다. 이 유형에 속하는 동사는 вставать '일어나다', признавать '인정하다', передавать '전달하다' 등이 있다.

Она́ даёт ему́ ру́сскую кни́гу. '그녀는 그에게 러시아어 책을 준다.'

Это де́рево даёт мно́го пло́дов. '이 나무는 많은 열매를 맺는다.'

Де́рево даёт тень. '나무는 그늘을 만들어 준다.'

рисова́ть '그리다'의 변화형

	단 수		복 수	
	러시아어	인칭어미	러시아어	인칭어미
1인칭	Я рису́ю (рисуй+у).	-у	Мы рису́ем.	-ем
2인칭	Ты рису́ешь.	-ешь	Вы рису́ете.	-ете
3인칭	Он рису́ет.	-ет	Они рису́ют (рисуй+ут).	-ут

☞ -овать나 -евать로 끝나는 동사는 현재시제 변화에서 접미사 -ова-/-ева-가 탈락되고, 대신에 접미사 -у-가 삽입된다. 이 유형에 속하는 단어는 требовать '요구하다', радоваться '기뻐하다' 등이 있다.

Худо́жник рису́ет карти́ну. '예술가는 그림을 그린다.'

Писа́тель рису́ет жизнь крестья́н. '작가는 농민들의 삶을 그린다.'

На горизо́нте рису́ются верши́ны гор. '지평선 상에 산의 정상들이 나타난다.'

есть '먹다'의 변화형

	단 수	복 수
	러시아어	러시아어
1인칭	Я ем.	Мы еди́м.
2인칭	Ты ешь.	Вы еди́те.
3인칭	Он ест.	Они едя́т.

дать '주다'의 변화형

	단 수	복 수
	러시아어	러시아어
1인칭	Я дам.	Мы дади́м.
2인칭	Ты дашь.	Вы дади́те.
3인칭	Он даст.	Они даду́т.

☞ 동사 есть와 дать는 단수에서 е나 и가 없는 변화를 한다.

연습문제 4 다음 동사를 현재시제 또는 단일 미래시제로 변화시키시오.

хотеть, жить, вставать, требовать, есть, дать

2.3. 과거시제

과거시제는 동사 속에 내포되어 있는 과정이 발화에 선행하여 실현되는 것을 말한다. 현재시제는 인칭과 수에 따른 변화를 하지만, 과거시제는 성과 수 변화를 한다.

2.3.1. 과거시제와 성, 수 변화

이젠 구체적으로 과거시제의 성, 수 변화를 살펴보자. 과거시제의 성, 수 변화형은 과거시제 어간에 과거시제 접미사 л을 부가하고 여기에 남성은 제로어미, 여성은 어미 -а, 중성은 어미 -о, 복수는 어미 -и를 부가하여 만들어진다.

Ива́н рабо́тал. '이반은 일했다.'

Мари́на рабо́тала. '마리나는 일했다.'

Мы рабо́тали. '우리는 일했다.'

☞ 한국어와 러시아어를 비교하면 러시아어의 과거시제 접미사 л은 한국어의 과거시제 접미사 '엇'에 해당된다고 생각하면 된다.

동사 писа́ть의 과거시제의 성과 수 변화

	단 수			복 수		
	러시아어	과접	어미	러시아어	과접	어미
남성	Он писа́л.	л	#	они писа́ли.	л	и
여성	Она писа́ла.	л	а			
중성	Оно писа́ло.	л	о			

연습문제 5 다음 동사 과거시제의 남성, 여성, 그리고 복수 형태를 쓰시오.

понимать, говорить, жить, знать, любить, читать

2.3.2. 특수한 형태의 과거시제 형태

러시아어에서는 위에서 설명한 과거시제 규칙에 따르지 않는 과거시제 형태들이 있다.

нести́ '휴대하다'의 과거시제 변화형

☞ 동사 нести는 남성 과거시제에서 과거시제 접미사 л이 탈락되어, нёс로 된다. 고대 러시아어에서 이 동사의 남성 과거시제형은 неслъ였다. 고대 러시아어에서 남성어미로 쓰였던 ъ가 탈락되면서 단어의 끝에 자음 сл이 겹쳐지게 되었다, 러시아어는 가능하면 자음 충돌을 피하려 하기 때문에, 과거시제 접미사 л이 탈락되었고, 이 음을 보상하려는 영향으로 모음 e보다 음량이 큰 ë로 되었다. 그러나 여성, 중성, 복수형에서는 과거시제 접미사 뒤에 있는 어미에 의하여 과거시제 접미사 л이 유지되고, 그 결과 несла, несло, несли로 된다. 이와 같은 유형에 속하는 단어는 везти '배 또는 차로 수송하다' 등이 있다. 그러나 동사원형이 -сти로 되어 있어도 현재시제 또는 단일 미래시제의 어간의 끝에 д와 т를 가지고 있으면(веду, плету) 과거시제 접미사 л은 모든 성과 수에서 어간의 모음 뒤에 붙는다: вести '데리고 가다' — веду, вёл, вела, ...; плести '뜨다' — плету, плёл, плела...

расти́ '자라다'의 과거시제 변화형

☞ 동사 расти의 고대 러시아어 어근은 рос이었지만 아까니에의 발음이 철자에 영향을 끼쳐 рас로 되었다. 이 동사의 고대 러시아어 어근이 다시 살아나서 남성 과거시제형은 рослъ였다. 그러나 고대 러시아어에서 남성어미로 쓰였던 ъ가 탈락되면서 단어의 끝에 자음 сл이 겹쳐지게 되고, 그 결과 과거시제 접미사 л까지 탈락하여 남성형은 рос로 되었고, 여성, 중성, 복수는 어미에 의하여 과거시제 접미사가 유지되어 그 결과 росла, росло, росли로 되었다.

мочь '가능하다'의 과거시제 변화형

☞ 동사 мочь의 남성 과거시제에서 접미사 л이 탈락되어, мог로 되었다. 고대 러시아어에서 이 동사의 남성 과거시제형은 моглъ였다. нести와 마찬가지로 고대 러시아어에서 남성어미로 쓰였던 ъ가 탈락되면서 단어의 끝에서 자음 둘 гл이 겹쳐지게 되고, 그 결과 접미사 л까지 탈락되어 мог로 되었고, 여성, 중성, 복수는 어미에 의하여 과거시제 접미사 л이 유지되고, 그 결과 могла, могло, могли로 되었다.

умере́ть '죽다'의 과거시제 변화형

☞ 동사 умереть의 남성 과거시제에서 과거시제 접미사 л이 탈락되어 умер로 되었다. 고대 러시아어

에서 이 동사의 남성 과거시제형은 **умерлъ**였다. **нести**와 마찬가지로 고대 러시아어에서 남성어미로 쓰였던 **ъ**가 탈락되면서 단어의 끝에서 자음 둘 **рл**이 겹쳐지게 되고, 그 결과 **л**까지 탈락되어 **умер**로 되었고, 여성, 중성, 복수에서는 어미에 의하여 과거시제 접미사 **л**을 유지되고, 그 결과 **умерла, умерло, умерли**로 되었다.

동사 идти́ '걷다'의 과거시제 변화형

☞ 동사 **идти**의 과거시제 변화형은 동사원형 어간과 다른 형태로 **шёл, шла, шло, шли**이다.

연습문제 6 다음 동사 과거시제의 남성, 여성, 그리고 복수형태를 쓰시오.

нести, расти, идти, мочь, умереть, везти

2.4. 미래시제

2.4.1. 불완료상 미래시제 형태와 완료상 미래시제 형태

러시아어 미래시제는 두 가지 형태가 있다. 이 중 하나는 불완료상 미래시제로 동사 **быть**의 미래형을 가지고 만들어지는 합성식 미래이다. 합성식 미래는 동사 **быть**의 미래형 **бу́ду, бу́дешь, бу́дет, бу́дем, бу́дете, бу́дут**에 불완료상 동사원형을 붙여서 만들어진다.

인칭	불완료상 미래		한국어
Я	бу́ду	писа́ть	나는 쓸 것이다.
Ты	бу́дешь		너는 쓸 것이다.
Он	бу́дет		그는 쓸 것이다.
Мы	бу́дем		우리는 쓸 것이다.
Вы	бу́дете		당신은 쓸 것이다.
Они	бу́дут		그들은 쓸 것이다.

이에 반하여 완료상 미래시제는 단일 미래시제로서 완료상 동사를 '현재시제 변화를 하듯이' 동사변화를 시키면 단일 미래시제가 된다. 만드는 방법은 현재시제와 동일하고 단지 동사가 완료상 동사인 것만 다르다.

인칭	완료상 미래	해석	인칭	완료상 미래	한국어
Я	напишу́	나는 쓸 것이다.	Мы	напи́шем	우리는 쓸 것이다.
Ты	напи́шешь	너는 쓸 것이다.	Вы	напи́шете	당신은 쓸 것이다.
Он	напи́шет	그는 쓸 것이다.	Они	напи́шут	그들은 쓸 것이다.

☞ 불완료상 미래와 완료상 미래의 의미적인 차이는 상적인 의미에서 드러난다. 불완료상 미래의 의미는 미래의 어떤 시점에서 그 행위를 이행하는 것을 나타내고, 완료상 미래의 의미는 미래의 어떤 시점에서 그 행위를 꼭 실현하겠다는 화자의 강한 의지를 나타낸다. 자세한 것은 동사 상에서 다룰 것이다.

연습문제 6 다음 동사에서 완료상 동사와 불완료상 동사를 구분하여 각각의 미래시제 형태를 쓰시오.

читать, прочитать, писать, написать, делать, сделать, говорить, сказать

Word Study 2. 가족

де́душка '할아버지'	ба́бушка '할머니'	оте́ц '아버지'
мать '어머니'	дя́дя '삼촌'	тётя '숙모'
сын '아들'	дочь '딸'	муж '남편'
жена́ '아내'	брат '형제'	сестра́ '누이'
внук '손자'	вну́чка '손녀'	

☞ 러시아 가족명칭은 한국과 같이 친가와 외가를 특별하게 구분하지 않는다. 친손자든 외손자든 внук을 사용하고 삼촌과 외삼촌도 구분하지 않고 дядя를 사용한다.

제3장

명사의 격(падеж)

격은 명사, 대명사, 형용사, 수사 등이 문장에서 다른 단어와 맺는 통사적 관계를 나타내는 문법범주로서 한국어에서는 격조사로 표현되지만, 러시아어에서는 격어미로 표현된다. 현대 러시아어에서는 주격, 생격, 여격, 대격, 조격, 전치격 등 여섯 가지의 격이 있다. 그리고 격의 표현방법에도 경자음 변화와 연자음 변화로 나누어진다. 앞에서 언급한 바와 같이 경자음 변화를 기본으로 하고 연자음 변화는 경자음 변화에서 유도되어 나오는 규칙으로 이해해야 한다. 그러나 -ь로 끝나는 여성명사의 단수변화는 경자음-연자음 변화에 해당되지 않는 제 3의 변화를 한다. 그러나 -ь로 끝나는 여성명사의 복수변화에서는 기본적으로 연자음 변화를 한다.

3.1. 격의 주요 의미

3.1.1. 주격(именительный падеж)

3.1.1.1. 주격의 의미와 활용

주격은 명사의 기본형이고, 사전에 표제어로 수록되어 있다. 명사 주격은 일반적으로 문장에서 주체의 의미로 사용되고, 주어, 술어, 호칭 등으로 사용된다.

☞ 주격은 변화를 하지 않는다고 하여 직격(直格 прямой падеж)이라 하고, 변화를 하는 나머지 격을 사격(斜格 косвенный падеж)이라 한다.

문장의 주어로서

Студéнт читáет кни́гу. '대학생이 책을 읽는다.'

Спектáкль начинáется. '연극이 시작되고 있다.'

문장의 술어로서

Мой брат — **студéнт.** '나의 형제는 대학생이다.'

호칭(呼稱)으로

Отéц! Помоги́ мне. '아빠! 저를 도와주세요.'

3.1.2. 생격(родительный падеж)

3.1.2.1. 생격의 의미와 활용

생격은 명사, 형용사, 수사, 동사 등과 결합하여 문장에서 다양한 의미로 표현된다.

3.1.2.1.1. 명사와 결합하여 사용되는 생격

생격은 명사와 결합하여 사람의 소유, 행위주체, 행위대상, 대상의 자질을 표현하는데 사용된다.

사람의 소유:

Это кни́га **дрýга.** '이것은 친구의 책이다.'

Это словáрь **учи́теля.** '이것은 선생님의 사전이다.'

Это сýмка **сестры́.** '이것은 누이의 가방이다.'

연습문제 1 다음 주어진 단어를 이용하여 보기와 같이 물음에 답하시오.

보기: — Чья это книга? (сестра)

— Это книга сестры.

(1) Чей это дом? (сосед)
(2) Чья это квартира? (отец)
(3) Чья это машина? (друг)
(4) Чьё это здание? (университет)
(5) Чей это словарь? (я)

행위주체:

Мы слу́шали ле́кцию **профе́ссора**. '우리는 교수님의 강의를 들었다.'

Студе́нты отвеча́ли на вопро́сы **учи́теля.** '대학생들은 선생님의 질문에 대답했다.'

행위 대상:

Изуче́ние **грамма́тики** необходи́мо. '문법을 공부하는 것은 꼭 필요하다.'

Зако́нчилась убо́рка **урожа́я**. '수확을 거두어들이는 일이 끝났다.'

☞ 생격이 행위대상의 의미로 사용되는 경우에 일반적으로 타동사에서 파생된 명사와 함께 사용된다. 위의 예에서 изучение '공부', уборка '수확'은 각각изучить '공부하다', убрать '수확하다'에서 파생된 파생어다.

대상의 자질:

Нас интересу́ют вопро́сы **совреме́нности.** '현대적인 문제들이 우리를 흥미롭게 한다.'

Вошёл челове́к **высо́кого ро́ста**. '키가 큰 사람이 들어왔다.'

연습문제 2 다음 러시아어 문장을 한국어로 해석하시오.

(1) Выступление певицы мне нравится.
(2) Ответ студента был правильным.
(3) Нас радует наступление весны.
(4) Объяснение учителя понятно школьникам.
(5) Друзья поручили мне организацию литературного вечера.
(6) Защита диссертации состоится завтра в 2 часа дня.

(7) Строительство школы закончится к учебному году.
(8) Завтра будет посещение музея.

연습문제 3 다음 문장을 읽고 명사 생격이 어떤 의미로 사용되었는지 성명하시오.

(1) Это журнал отца.
(2) Я выполнил просьбу друга.
(3) Учитель проверил исполнение задания.
(4) В комнату вошёл человек высокого роста.
(5) Строительство здания идёт быстро.

3.1.2.1.2. 형용사와 결합하여 사용되는 생격

생격은 형용사 비교급에서 그리고 생격 요구 형용사와 결합하여 사용된다.

Брат **ста́рше сестры́.** '형은 누이보다 나이가 많다.'
Этот вопро́с **досто́ин внима́ния.** '이 문제는 주의할 가치가 있다.'

3.1.2.1.3. 수사와 결합하여 사용되는 생격

생격은 два, три, четы́ре, о́ба, о́бе 등의 수사와 불확정적인 수량을 나타내는 단어 мно́го, ма́ло, ско́лько등과 결합하여 사용된다.

В аудито́рии **три студе́нта.** '강의실에는 세 명의 대학생이 있다.'
Я купи́л **два журна́ла.** '나는 두 권의 잡지를 구입했다.'
Он пьёт **мно́го молока́.** '그는 우유를 많이 마신다.'
У него́ **ма́ло де́нег.** '그는 돈이 별로 없다.'

연습문제 4 다음 러시아어 문장을 한국어로 번역하시오.

(1) Волга длиннее Днепра.
(2) Золото дороже серебра.
(3) Он достоин хвалы.
(4) Он купил три билета в театр.
(5) У студента много вопросов.

3.1.2.1.4. 동사와 결합하여 사용되는 생격

생격은 사물의 일부분 또는 어떤 불확정적인 양을 나타내는 경우, 대상을 부정할 때, 대상의 부재를 나타내는 경우, 소망, 기대, 요청, 요구 등을 표시할 때 타동사 다음에 사용된다.

Да́йте ребёнку молока́. '아이에게 우유를 좀 주세요.'

☞ **사물의 일부분 또는 어떤 불확정적인 양을 나타내는 경우**

Я не по́нял вопро́са. '나는 질문을 이해하지 못했다.'

Я не зна́ю ва́шего а́дреса. '나는 당신의 주소를 모른다.'

☞ **대격을 부정할 때. 이를 대격 부정 생격이라고 한다.**

У него́ нет биле́та. '그는 표가 없다.'

У меня́ нет до́чи. '나는 딸이 없다'

☞ **존재를 부정할 때. 이를 존재 부정 생격이라고 한다.**

Дай мне ту книгу, которую я просил. '내가 부탁했던 그 책을 나에게 주세요.'

Мы хоти́м ми́ра. '우리는 평화를 원한다.'

☞ 동사 хотеть는 구체적인 의미로 사용될 때 대격을 요구하고, 추상적인 의미로 사용될 때 생격을 요

구한다. 위의 문장에서 첫 번째 문장은 한정적 종속절 «что я просил»에 의하여 구체성을 나타내고, 두 번째 문장은 추상적인 의미로 사용되어 있다.

만약 대상을 부정하지 않을 때는 대격이 사용되고, 대상의 부재를 나타내지 않을 때는 주격이 사용된다.

Я по́нял **вопро́с.** '나는 질문을 이해했다.'

У него́ есть **биле́т.** '그는 표가 있다.'

연습문제 5 다음 러시아어 문장을 한국어로 번역하시오.

(1) Сын попросил денег у своего отца.
(2) Она не поняла вашего вопроса.
(3) Не хотите ещё стакан воды?
(4) Мы хотим искренности от вас.
(5) У меня сегодня есть свободное время.

3.1.2.2. 생격의 표현방법

3.1.2.2.1. 단수생격의 표현방법

경자음 기본형에서 남성명사 단수생격 어미는 -a 여성명사 단수생격 어미는 **-ы** 그리고 중성명사 단수생격 어미는 -a이다.

명사 단수생격 경자음 기본형

격	남성명사	여성명사	중성명사
주격	стол#	ко́мнат**а**	письм**о́**
생격	стол**а́**	ко́мнат**ы**	письм**а́**

☞ 그렇다고 한다면 명사어간의 끝이 연자음으로 끝나면 단수생격 어미가 어떻게 될까? 예를 들어 연자음 변화에 속하는 명사 **музей, учитель, семья, поле** 등의 단수생격은 어떻게 될까? 앞에서 이

미 학습한 방법으로 접근하면 전혀 문제가 되지 않는다. 남성명사 **музей**는 생격어미 **a**를 붙이면 «**музей + а → музея**»로 된다. **учитель**의 마지막 음절 **ль**은 **л**이 연자음임을 나타낸다. 그래서 «**учител' + а → учителя**»로 된다. 여성명사 **семья**의 어간은 **семьй**이다. 여성 단수생격 어미 **ы**를 붙여야 하는데 어간의 끝이 연자음이라 **ы**를 사용할 수가 없다. **ы**는 경자음 다음에서만 사용되기 때문이다. 그래서 **ы**에 대응되는 **и**를 사용하여 «**семьй + и**»로 되었지만 «**йи → и**»로 되어 **семья**의 단수생격은 **семьи**로 되었다. 마지막으로 중성명사 **поле**의 마지막 음절이 **ле**이기 때문에 **л**이 연자음임을 나타낸다. 그래서 **поле**의 어간은 **пол'**이다. 그래서 «**пол' + а → поля**»로 되었다. 그리고 여성명사의 경우에 어간의 끝이 **г, к, х, ж, ч, ш, щ**인 경우에 정자법 규칙에 의하여 **ы**를 사용하지 못하고 **и**를 사용한다. 그리고 **-ь**로 끝나는 여성명사의 경우에는 위에서 설명한 경자음-연자음 대응 변화를 하지 않고 특수하게 제 3의 변화를 한다. 이 유형의 생격어미는 **-и**이다.

이것을 표로 정리하며 다음과 같다.

명사 단수생격 어미

경/연자음	남성명사	여성 명사	중성명사
경자음	-а	-ы	-а
연자음	-я	-и	-я
-г,к,х,ж,ч,ш,щ 또는 -ь 여성명사		-и	

☞ 이 표는 설명의 편의를 위한 것이지 이 표 전체를 암기해서는 안 된다. 앞에서도 강조한 바와 같이 러시아어에서 경자음 기본형은 암기해야 하고 연자음과 정자법 규칙은 경자음 변화에서 자동적으로 유도되어 나오는 것이기 때문에 그 과정을 이해하고 넘어가면 된다. 좀 시간이 지나면 자동적으로 알게 된다. 기억이 잘 안 나면 «아, 야; 오, 요; 우, 유; 에, 예; 의, 이» 시리즈를 다시 기억하세요.

3.1.2.2.2. 복수생격의 표현방법

명사 복수변화는 성의 구별이 없이 통합형으로 된다. 만약 어간이 경자음이면 여격, 조격, 전치격 어미가 각각 -ам, -ами, -ах이고 연자음이면 -ям, -ями, -ях이다. 그러나 생격은 여전히 성의 구별이 있다. 경자음으로 끝나는 남성명사 복수생격 어미는 -ов이고, 여성과 중성의 복수 생격어미는 제로어미이다. 그래서 예를 들어, студéнт의 복수생격은 студéнтов이고, проблéма의 복수생격은 проблéм이고, окнó의 복수생격은

óкон이다. 그러나 연자음일 경우에는 앞에서 설명한 바와 같이 약간의 주의를 요구한다. 예를 들어 연자음 남성명사 музéй의 복수생격은 музéев이고, 여성명사 стáнция의 복수생격은 стáнций이고, 중성명사 здáние의 복수생격은 здáний이다. 연자음 변화를 좀 더 자세하게 설명하면 다음과 같다. 남성명사 музéй는 연자음으로 끝나니 어미로 -ов을 사용할 수 없고, 대응되는 -ев, -ёв을 사용해야 하는데 어간에 강세가 있기 때문에 복수생격은 музéев이 되었다. 그리고 여성명사 стáнция의 어간은 стáнций이고 이 자체가 제로어미 형태이기 때문에 복수생격은 стáнций로 되었다. 그리고 중성명사 здáние의 어간은 здáний이고 역시 이 자체가 제로어미 형태이기 때문에 복수생격은 здáний이다. 그리고 -ь로 끝나는 남성명사와 여성명사의 복수 생격어미는 성의 구별이 없이 동일하게 -ей이다. 그리고 예외적으로 중성명사에서 сóлнце의 복수생격은 сóлнцев이고, мóре의 복수생격은 морéй이다. 이 모든 것을 표로 나타내면 다음과 같다:

명사 복수생격 어미

경/연자음	남성명사	여성명사	중성명사
경자음	-ов	-#	-#
연자음	-ев, -ёв	-#	-#, -ев, -ей
-ь	-ей	-ей	

초급 학습자의 경우에는 명사 단수변화를 충분히 익힌 다음 복수변화로 넘어가기 바란다.

3.1.3. 여격(дательный падеж)

3.1.3.1. 여격의 의미와 활용

여격은 동사, 형용사 등과 결합하여 문장에서 다양한 의미를 표현한다.

3.1.3.1.1. 동사와 결합하여 사용되는 여격

여격은 동사와 결합하여 행동이 향해지는 사람이나 사물을 나타내고, 사람이나 사물에 해를 끼치는 동사, 감정동사 등에서 사용된다. 그리고 무인칭 동사에서 어떤 상태를 행하거나 경험하는 사람을 표시하는데 사용된다.

Я написа́л письмо́ **отцу́**. '나는 아버지에게 편지를 썼다.'
Я отвеча́л **учи́телю**. '나는 선생님에게 대답을 했다.'
Я е́ду **к отцу́** в Москву́. '나는 모스크바에 계신 아버지에게 간다.'
Он измени́л **де́лу**. '그는 임무를 배신했다.'
Она́ ра́довалась **весне́**. '그녀는 봄을 기뻐했다.'
Мне ну́жно гото́виться **к экза́мену**. '나는 시험 준비를 해야 한다.'
Де́тям ве́село. '아이들은 즐겁다.'
Де́тям хо́чется гуля́ть. '아이들은 산책하고 싶어한다.'

연습문제 6 괄호 속의 단어를 이용하여 문장을 완성하시오.

(1) Он подарил ...... подарок. (сын)
(2) Отец дарил ...... сумку. (дочь)
(3) Я написал письмо ...... (подруга)
(4) Я еду к ...... в Корею. (сын)
(5) Она радовалась ...... (осень)
(6) Он хочет помогать ...... (бедный)
(7) Он обещал ...... принести лекарство. (мать)
(8) Мне нужно готовиться к ...... (обед)
(9) ...... весело. (дети)
(10) ...... интересно слушать лекцию. (студенты)

3.1.3.1.2. 형용사와 결합하여 사용되는 여격

여격은 다음의 몇몇 형용사와 결합하여 사용된다.

Он был благода́рен **дру́гу** за по́мощь. '그는 도움을 준 것에 대하여 친구에게 감사했다.'

Я рад **встре́че** с дру́гом. '나는 친구와의 만남을 기뻐한다.'

Эта кни́га ну́жна **бра́ту**. '이 책은 형제에게 필요하다.'

3.1.3.1.3. 기타

여격은 나이를 표시할 때 문장의 의미상의 주어로 사용된다.

Мне тогда́ бы́ло три́дцать три го́да. '나는 그 당시 33살이었다.'

연습문제 7 다음 러시아어 문장을 한국어로 번역하시오.

(1) Я вам очень благодарен за помощь.
(2) Мне нужна ваша помощь.
(3) Тогда мне было 30 лет.
(4) Лекция была интересна студентам.
(5) Мы все очень рады вашему посещению.

3.1.3.2. 여격의 표현방법

3.1.3.2.1. 단수여격의 표현방법

경자음 기본형에서 남성명사 단수여격 어미는 -y 여성명사 단수생격 어미는 -e 그리고 중성명사 단수생격 어미는 -y이다.

명사 단수여격 경자음 기본형

격	남성명사	여성명사	중성명사
주격	стол#	ко́мнат**а**	письм**о́**
여격	стол**у́**	ко́мнат**е**	письм**у́**

☞ 그렇다고 한다면 명사 어간의 끝이 연자음으로 끝나면 단수 여격어미가 어떻게 될까? 예를 들어, 연자음 변화에 속하는 **музей, учитель, поле, семья** 등의 단수여격은 어떻게 될까? 앞에서 이미 학습한 방법으로 이해하면 전혀 문제가 되지 않는다. 남성명사 **музей**는 생격어미 **у**를 붙이면 «музей + у → музею»로 된다. 그리고 **учитель**의 마지막 음절 **ль**는 **л**이 연자음임을 나타낸다. 그래서 «учител' + у → учителю»로 된다. 중성명사 **поле**의 경우에는 **поле**의 어간 **пол'**에다 어미 -у를 붙이면 된다. 그래서 «пол' + у → полю»로 되었다.

☞ 그런데 여성명사의 경우에는 좀 상황이 다르다. 경자음 기본형에서 여성명사의 단수 여격어미는 -е이다. 비록 경자음 기본형이지만 어미가 -е이기 때문에 이 위치에서 어간의 끝은 경자음이 아니라 연자음이다. -е앞의 자음은 연자음이기 때문이다. 그렇기 때문에 여성명사의 경우에 여격은 경자음-연자음 대응 위치가 아니다. 이러한 위치를 전문적인 표현으로 중화위치라고 하는데 이 위치에서는 연자음 변화에서도 동일한 어미 -е를 가진다. 그래서 여성명사 연자음 변화에 속하는 **семья**의 여격도 **семье**이다. 그리고 앞에서 이미 설명한 바와 같이 -ь로 끝나는 여성명사인 경우에는 경자음-연자음 변화를 하지 않는다고 했다. 여격어미는 -и이다.

이것을 표로 정리하며 다음과 같다.

명사 단수여격 어미

	남성명사	여성명사	중성명사
경자음	-у	-е	-у
연자음	-ю	-е	-ю
-ь		-и	

3.1.3.2.2. 복수여격의 표현방법

명사 복수여격 변화는 앞에서 복수생격 변화를 설명할 때 잠시 설명한 바와 같이 성의 구별 없이 통합변화를 한다. 성과 관계없이 어간의 끝이 경자음으로 끝이 난 것인지 연자음으로 끝이 난 것인지만 구별하면 된다. 경자음이면 -ам, 연자음이면 -ям이다. 예를 들어, студéнт의 복수여격은 студéнтам, кóмната의 복수여격은 кóмнатам, письмó의 복수여격은 пи́сьмам이다. 그리고 어간이 연자음인 музéй의 복수여격은 музéям, стáнция의 복수여격은 стáнциям이고, 그리고 здáние의 복수여격은 здáниям이다. 경자음 변화는 설명할 것이 없고, 연자음 변화를 좀 자세하게 설명하면 музéй에 -ам을 부가하면 «музей + ам → музеям»으로 되고, стáнция의 어간은 стáнций이고 이것에 -ам을 부가하면 «станций + ам → станциям»으로 되고, здáние의 어간은 зданий이고 이것에 -ам을 부가하면 «зданий + ам → зданиям»으로 된다. 이것을 표로 정리하며 다음과 같다.

명사 복수여격 어미

성	경자음 변화	연자음 변화
남성, 여성, 중성명사	-ам	-ям

3.1.4. 대격(винительный падеж)

3.1.4.1. 대격의 의미와 활용

대격은 전치사 없는 타동사와 자주 사용된다. 즉 타동사는 문장에서 보어를 요구하는데 그 보어가 전치가 없는 대격명사로 사용되는 경우가 많다. 이 외에 문장의 상황어로 일정한 시간, 일정한 공간 등을 나타낼 수 있다. 그리고 대격은 동사 стóить '값이 나가다', вéсить '무게가 나가다' 등과 결합하여 사용될 수 있다. 그리고 대격은 남성명사에서 활동체 명사와 비활동체 명사를 구분한다. 활동체 명사는 사람이나 동물과 같은 활동성 자질을 가진 명사를 말하고, 비활동체 명사는 그러한 자질을 가지지 않은 명사를 말한다.

Строи́тели стро́ят **дом.** '건축 노동자들이 집을 건축한다.'

Оте́ц чита́ет **газе́ту.** '아버지가 신문을 읽는다.'

Мать лю́бит **сы́на.** '우리는 아들을 사랑한다.'

Студе́нт слу́шает **ле́кцию.** '대학생은 강의를 듣는다.'

Мы лю́бим **ро́дину.** '우리는 조국을 사랑한다.'

Мы поём **пе́сню.** '우리는 노래를 부른다.'

Она́ чита́ет **письмо́.** '그녀는 편지를 읽는다.'

Мы жи́ли **всё вре́мя** в дере́вне. '우리는 시골에서 내내 살고 있었다.'

Он отдыха́л **неде́лю.** '우리는 일주일 동안 쉬었다.'

Всю доро́гу они́ шли мо́лча. '그들은 길을 걸어오면서 내내 침묵하면서 걸었다.'

Этот биле́т сто́ит **21 рубль.** '이 표 값은 21 루블이다.'

Ка́мень ве́сит **то́нну.** '돌의 무게는 1톤이다.'

연습문제 8 다음 러시아어 문장을 한국어로 번역하시오.

(1) Они любят свою родину.
(2) Я благодарю друга за помощь.
(3) Студенты слушают профессора.
(4) Рабочие строят мост.
(5) Брат учит сестру кататься на коньках.
(6) Каждый день почтальон приносил письмо.
(7) Я долго не мог вспомнить песню и наконец вспомнил её.
(8) Мы жили всю зиму в Москве.
(9) Я занимаюсь русским языком каждый день.
(10) Мы прошли километр и увидели реку.

3.1.4.2. 대격의 표현방법

3.1.4.2.1. 단수대격의 표현방법

대격은 남성명사에서 활동체 명사와 비활동체 명사를 구분한다. 여성명사에서는 구분하지 않는다. 경자음 기본형에서 남성명사 단수 비활동체 대격어미는 -#, 활동체 대격어미는 -a, 여성명사 단수 대격어미는 -y 그리고 중성명사 단수생격 어미는 -o이다.

명사 단수대격 경자음 기본형

격	남성명사	여성명사	중성명사
주격	стол#	ко́мнат**а**	письм**о́**
비활동체 대격	стол#	ко́мнат**у**	письм**о́**
활 동 체 대격	Ива́н**а**		

☞ 그렇다고 한다면 명사어간의 끝이 연자음으로 끝나면 단수대격 어미가 어떻게 될까? 예를 들어, 연자음 변화에 속하는 музей, Евгений, учитель, семья, поле, 등의 단수대격은 어떻게 될까? 남성명사 музей는 비활동체이기 때문에 музей 그대로 대격이다. 그리고 Евгений는 활동체이기 때문에 «Евгений + а → Евгения»로 된다. 그리고 учитель도 활동체이기 때문에 «учител' + а → учителя»로 된다. 그리고 семья의 어간은 семьй이고, 따라서 «семьй + у → семью»로 된다. 그리고 중성명사 поле는 주격과 대격이 동일형이기 때문에 대격도 поле이다. 그리고 -ь로 끝나는 여성명사의 대격은 주격과 동일한 -ь이다.

이것을 표로 나타내면 다음과 같다.

명사 단수대격 어미

경/연자음	남성명사		여성명사	중성명사
	비활동체	활동체		
경자음	-#	-а	-у	-о
연자음	-й, -ь	-я	-ю	-е, ё
-ь			-ь	

3.1.4.2.2. 복수대격의 표현방법

단수대격에서는 남성명사만 활동체와 비활동체를 구분하지만, 복수대격에서는 남성명사와 여성명사에서 활동체와 비활동체를 구분한다. 남성명사와 여성명사의 비활동체에서는 대격이 주격과 동일하고, 활동체에서는 대격이 생격과 동일하다. 중성명사에서는 대격이 주격과 동일하다. 그래서 예를 들어, 남성명사에서 стол의 복수대격은 столы́이고, Ива́н의 복수대격은 Ива́нов이다. 그리고 여성명사에서 비활동체 ко́мната의 복수대격은 ко́мнаты이고, 활동체 же́нщина의 복수대격은 же́нщин이다. 그리고 중성명사 письмо́의 복수대격은 пи́сьма이고 зда́ние의 복수대격은 зда́ния이다. 이것을 표로 나타내면 다음과 같다:

명사 복수대격 어미

경/연자음	남성명사		여성명사		중성명사
	비활동체	활동체	비활동체	활동체	
경자음	-ы	-ов	-ы	-#	-а
연자음	-и	-ев, -ёв	-и	-#	-я
-ь	-и	-ей	-и	-ей	

3.1.5. 조격(творительный падеж)

3.1.5.1. 조격의 의미와 활용

조격은 문장에서 행위기구, 행위양태, 이동장소, 시간, 이동방법 등을 표현하는데 사용된다. 그리고 수동태 문장에서 행위자를 표시하는데 사용되고, 이 외에 조격 요구 동사와 형용사와 결합하여 사용된다.

Он пи́шет **карандашо́м.** '그는 연필로 쓴다.'

Он говори́л с на́ми **весёлым го́лосом.** '그는 우리와 즐거운 목소리로 말했다.'

За́яц побежа́л **по́лем.** '토끼는 들판을 뛰어가기 시작했다.'

Он вы́шел **ра́нним у́тром.** '그는 이른 아침에 나갔다.'

Мы е́хали **самолётом** в Москву́. '우리는 비행기를 타고 모스끄바로 갔다.'

Зада́ние выполня́ется **студе́нтами.** '과제는 학생들에 의하여 수행되고 있다.'

Учи́тель дово́лен **ученика́ми.** '선생님은 학생들에게 만족하신다.'

Он занима́ется **ру́сским языко́м.** '그는 러시아어를 공부한다.'

Лю́ди хотя́т стать **врача́ми.** '사람들은 의사가 되고 싶어한다.'

연습문제 9 다음 러시아어 문장을 한국어로 번역하시오.

(1) Он пишет карандашом.

(2) Наше хозяйство развивается быстрыми темпами.

(3) Время летит птицей.

(4) Он вышел из дому раним утром.

(5) Он ездит поездом на работу.

(6) Он был учителем в школе.

(7) Он руководит семинаром.

(8) Он работает директором на заводе.

(9) Он владеет русским языком.

(10) Он увлекается русской литературой.

연습문제 10 괄호 안의 단어를 이용하여 문장을 완성하시오.

(1) Ученик пишет ...... на доске. (мел)

(2) Он летит ...... в Москву. (самолёт)

(3) Он пришёл ...... позже, чем я. (час)

(4) Он доволен ...... (работа)

(5) Он был ...... (учитель)

(6) Он занимается ...... (спорт)

(7) Он ехал ...... (поезд)

(8) Он махал ...... (рука)

3.1.5.2. 조격의 표현방법

3.1.5.2.1. 단수조격의 표현방법

경자음 기본형에서 남성명사 단수조격 어미는 **-ом**, 여성명사 단수조격 어미는 **-ой** 그리고 중성명사 단수조격 어미는 -ом이다.

명사 단수조격 경자음 기본형

격	남성명사	여성명사	중성명사
주격	стол#	ко́мнат**а**	письм**о́**
조격	стол**о́м**	ко́мнат**ой**	письм**о́м**

☞ 그렇다고 한다면 명사어간의 끝이 연자음으로 끝나면 단수조격 어미가 어떻게 될까? 예를 들어, 연자음 변화에 속하는 **учитель, семья, поле,** 등의 단수조격은 어떻게 될까? **учитель**의 어간은 **учител'**이다. 따라서 연자음으로 끝나는 **учител'**에 **ом**을 붙일 수 없고, 이 음의 대응되는 음인 **ём** 또는 **ем**을 사용해야 한다. 어미에 강세가 떨어지면 **ём**이 되고 강세가 떨어지지 않으면 **ем**이 된다. 이 단어는 어간에 강세가 떨어지기 때문에 단수조격은 **учителем**으로 된다. 그리고 **семья**의 어간은 **семьй**이고, 이 경우에도 **ёй** 또는 **ей**를 사용해야 한다. 그런데 이 단어의 경우에는 어미에 강세가 떨어지기 때문에 단수조격은 **семьёй**로 된다. 그리고 중성명사 **поле**의 경우도 **ём** 또는 **ем**을 사용해야 하는데, 이 단어의 경우에는 어간에 강세가 떨어지기 때문에 **полем**으로 된다. 그리고 **-ь**로 끝나는 여성명사의 조격은 **-ью**이다.

이것을 표로 나타내면 다음과 같다.

명사 단수조격 어미

경/연자음	남성명사	여성명사	중성명사
경자음	-ом	-ой	-ом
연자음	-ем, -ём	-ей, -ёй	-ем, -ём
-ь		-ью	

3.1.5.2.2. 복수조격의 표현방법

명사 복수조격 변화도 성의 구별이 없이 통합변화를 한다. 성과 관계없이 어간의 끝이 경자음인지 아니면 연자음인지를 구별하기만 하면 된다. 경자음이면 -ами, 연자음이면 -ями이다. 예를 들어, студéнт의 복수조격은 студéнтами, кóмната의 복수조격은 кóмнатами, письмó의 복수조격은 пи́сьмами이다. 그리고 어간의 끝이 연자음인 музéй의 복수조격은 музéями, стáнция의 복수조격은 стáнциями이고, 그리고 здáние의 복수조격은 здáниями이다. 경자음 변화는 설명할 것이 없고, 연자음 변화를 좀 자세하게 설명하면 музей에 -ами 을 부가하면 «музéй + ами → музéями»로 되고, стáнция의 어간은 стáнций이고 이것에 -ами을 부가하면 «станций + ами → стáнциями»로 되고, здáние의 어간은 зданий이고 이것에 -ами을 부가하면 «зданий + ами → здáниями»로 된다. 이것을 표로 나타내면 다음과 같다.

명사 복수조격 어미

성	경자음 변화	연자음 변화
남성, 여성, 중성명사	-ами	-ями

3.1.6. 전치격(предложный падеж)

3.1.6.1. 전치격의 의미와 활용

러시아어에서 6격은 전치사하고만 사용된다고 하여 전치격이라고 한다. 6격에서 사용되는 전치사는 в, на, при, о 등이 있는데 전치격의 의미와 활용은 해당되는 전치사의 의미에 따라 결정된다.

☞ 고대 러시아어에서는 6격을 장소격이라고 했다. 이 때는 2~5격과 마찬가지로 전치사와 함께 사용되기도 하고 전치사 없이 사용되기도 했다. 그러다가 6격이 항상 전치사하고만 사용되면서 이름이 전치격으로 바뀌었다.

3.1.6.1.1. 전치사 в

전치사 в는 내부 또는 어떤 한계 안에 있는 장소, 시간, 심적 상태 그리고 의복 의미 명사와 결합하여 사용된다.

Платóк лежи́т **в карма́не.** '손수건은 주머니 안에 있다.'

Де́ти игра́ют **в саду́**. '아이들은 정원 안에서 놀고 있다.'

Я прие́хал в Москву́ **в а́вгусте.** '나는 8월에 모스끄바에 도착했다.'

Я прие́хал в Коре́ю **в 2013 году́.** '나는 2013년에 한국에 도착했다.'

Он **в волне́нии** ходи́л по ко́мнате. '그는 흥분하여 방에서 이리저리로 돌아다녔다.'

Де́вушка была́ **в бе́лом пла́тье.** '아가씨는 흰 옷을 입었다.'

연습문제 11 다음 괄호 안의 단어를 이용하여 문장을 완성하시오.

(1) Дети играют в ...... (сад)
(2) Я приехал в Корею в ...... (май)
(3) Он приехал в Москву в ...... августа. (середина)
(4) В ...... я жил в деревне. (детство)
(5) На ...... участвовал известный артист. (концерт)

3.1.6.1.2. 전치사 на

전치사 на는 행위장소, 이동수단, 시간 그리고 동사와 결합하여 사용되는 특수한 경우가 있다.

Дом стои́т **на берегу́** ре́ки. '집이 강가에 있다.'

Он е́хал **на велосипе́де.** '그는 자전거를 타고 갔다.'

Охо́тники вы́шли из до́ма **на рассве́те.** '사냥꾼은 새벽에 집에서 나갔다.'

Она́ игра́ет **на скри́пке.** '그녀는 바이올린을 연주한다.'

Он говори́т **на ру́сском языке́.** '그는 러시아어로 말한다.'

연습문제 12 다음 괄호 안의 단어를 이용하여 문장을 완성하시오.

(1) Мы были на ...... (выставка)
(2) Мы ехали на ...... в Санкт-Петербург. (поезд)
(3) Он вернулся домой на ...... (закат)
(4) Он играет на ...... (скрипка)
(5) На этой ...... они вернулись из России. (неделя)

3.1.6.1.3. 전치사 при

전치사 при는 시간, 장소, 조건 등을 표시할 때 사용된다.

Я узна́л от дру́га все но́вости **при встре́че.** '만났을 때 나는 친구로부터 모든 소식을 알았다.'

При о́фисе есть де́тский сад. '유치원이 사무실에 부속되어 있다.'

При жела́нии я могу́ помо́чь тебе́. '원하면 내가 너를 도와줄 수 있다.'

연습문제 13 다음 괄호 안의 단어를 이용하여 문장을 완성하시오.

(1) При ...... ты можешь работать. (желание)
(2) Мы обычно обедаем в столовой при ...... (институт)
(3) Я скажу ему об этом при ...... (встреча)
(4) При ...... есть детский сад. (завод)
(5) При ...... родителей она часто приезжала в родной город. (жизнь)

3.1.6.1.4. 전치사 о

전치사 о는 발화나 사고의 대상을 표시할 때 사용된다.

Мы чита́ли расска́зы **о геро́ях.** '우리는 영웅들에 관한 이야기를 읽었다.'

Мы говори́ли **о недоста́тках** жи́зни. '우리는 인생의 부족함에 대하여 말하였다.'

Мы ду́мали **о бу́дущем.** '우리는 미래에 대하여 생각했다.'

연습문제 14 다음 괄호 안의 단어를 이용하여 문장을 완성하시오.

(1) Они говорили о ...... (экскурсия)
(2) Они вспомнили о ...... (детство)
(3) Мы думаем о ...... (будущий)
(4) Мы мечтаем о ...... (встреча)
(5) Они просили о ...... (помощь)

3.1.6.2. 전치격의 표현방법

3.1.6.2.1. 단수 전치격의 표현방법

경자음 기본형에서 남성명사 단수 전치격 어미는 **-e**, 여성명사 단수 전치격 어미는 **-e** 그리고 중성명사 단수 전치격 어미는 **-e**이다.

명사 단수 전치격 경자음 기본형

격	남성명사	여성명사	중성명사
주격	стол#	ко́мнат**а**	письм**о́**
전치격	о стол**е́**	о ко́мнат**е**	о письм**е́**

☞ 경자음 기본형에서 단수 전치격 어미는 남성, 여성, 중성 모두 **-e**라고 했다. 경자음 기본형에서 어미 **-e**를 가지는 것은 이 위치의 명사어간은 비록 경자음 변화라 하더라도 경자음이 아니라는 것을 말한다. 다시 말하면 이 위치는 경자음-연자음 대응규칙을 따르지 않는 위치라는 것을 말한다. 이와 유사한 표현을 여성 단수여격을 설명할 때 이미 설명했다. 그래서 전치격에서는 어간의 끝이 연자음으로 끝나는 연자음 명사들도 동일한 어미 **-e**를 가진다. 그리고 **-ь**로 끝나는 여성명사의 전치격은 **-и**이다.

이것을 표로 나타내면 다음과 같다.

명사 단수 전치격 어미

	남성명사	여성명사	중성명사
경자음	-e	-e	-e
연자음	-e	-e	-e
-ь		-и	

☞ 특수한 형태로 몇몇 남성명사는 전치사 в, на 뒤에서 전치격에서 어미 -у(-ю)를 가진다. 이와 같은 전치격 어미는 고대 러시아어 때 만들어진 것으로 모두 장소를 나타낸다. 예를 들면 в саду '정원에서', в лесу '숲에서', в углу '구석에서', на берегу моря '해안가에서', на мосту '다리 위에서' 등이 있다. 이와 같은 형태의 전치격 어미는 항상 그 위에 강세가 떨어지는 것이 특징이다.

3.1.6.2.2. 복수 전치격의 표현방법

명사 복수 전치격 변화도 성의 구별이 없이 통합변화를 한다. 성과 관계없이 어간의 끝이 경자음인지 아니면 연자음인지를 구별하기만 하면 된다. 경자음이면 -ах, 연자음이면 -ях이다. 예를 들어, студéнт의 복수 전치격은 студéнтах, кóмната의 복수 전치격은 кóмнатах, письмó의 복수 전치격은 пíсьмах이다. 그리고 연자음 변화에 속하는 музéй의 복수 전치격은 музéях, стáнция의 복수 전치격은 стáнциях이고, 그리고 здáние의 복수 전치격은 здáниях이다. 경자음 변화는 설명할 것이 없고, 연자음 변화를 좀 자세하게 설명하면 музéй에 -ах를 부가하면 «музей + ах → музéях»로 되고, стáнция의 어간은 станций이고 이것에 ах을 부가하면 «станций + ах → стáнциях»로 되고, здáние의 어간은 зданий이고 이것에 -ах을 부가하면 «зданий + ах → здáниях»로 된다. 이것을 표로 나타내면 다음과 같다.

명사 복수 전치격 어미

모든 성	경자음 변화	연자음 변화
남성, 여성, 중성명사	-ах	-ях

Word Study 3. 애칭

러시아어 이름은 본 이름 외에 이 이름과 관련된 애칭이 있다. 이 애칭은 가족이나 친한 친구들 사이에서 부르는 호칭이다. Ива́н의 애칭은 Ва́ня이고, Влади́мир의 애칭은 Воло́дя, Алекса́ндр의 애칭은 Са́ша, Екатери́на의 애칭은 Ка́тя, Ири́на의 애칭은 Ира, Ольга의 애칭은 Оля, Дми́трий 의 애칭은 Ди́ма, Никола́й의 애칭은 Ко́ля, Бори́с의 애칭은 Бо́ря, Людми́ла의 애칭은 Лю́да, Евге́ний의 애칭은 Же́ня 등이다. 러시아인은 좀 친하다 싶으면 애칭으로 부른다. 그래서 러시아 친구를 만나면 반드시 이름의 애칭을 물어보고 두 번째 만나면 애칭으로 불러주면 친근하게 느낀다.

제4장

전치사

본 장에서는 이미 설명한 6격의 전치사를 제외하고 생격에서부터 조격에서 사용되는 주요 전치사와 관련된 용법을 살펴보자. 러시아어 전치사는 반드시 격과 함께 사용된다. 그렇기 때문에 해당 전치사가 무슨 격과 함께 사용되는지 무슨 용법으로 사용되는지 등을 알아두어야 한다.

4.1. 생격 전치사

생격 전치사는 от, до, с, из, у, без, для, кроме 등이 있다.

4.1.1. 전치사 от

전치사 от는 동작이 시작되는 위치, 거리·공간적 범위, 행위의 기점이 되는 사람이나 사물, 위치의 기점, 서류 편지 등의 날짜, 치료, 행위나 자질의 원인, 이탈 · 해방 · 제거 · 면제, 구별, 방어 · 방위, 부분 · 소속 등을 표시한다.

Пóезд отошёл **от стáнции.** '기차가 역에서 떠났다.'

От Санкт-Петербýрга до Москвы́ 649 километров. '상뜨-뻬쩨르부르그에서 모스끄바까지 649킬로미터이다.'

Я получи́л письмó **от брáта.** '나는 형으로부터 편지를 받았다.'

Аптéка нахóдится далекó **от дóма.** '약국이 우리 집에서 멀리 있다.'

Он получи́л письмо́ **от пе́рвого декабря́.** '그는 12월 1일자 편지를 받았다.'

Он купи́л лека́рство **от гри́ппа** в апте́ке. '그는 약국에서 독감약을 구입했다.'

Она́ смея́лась **от ра́дости.** '그녀는 기뻐서 웃었다.'

Мы изба́вились **от опа́сности.** '우리는 위험으로부터 벗어났다.'

Нам ну́жно отлича́ть добро́ **от зла.** '우리는 선과 악을 구별해야 한다.'

Солда́ты защити́ли го́род **от враго́в.** '군인들이 적들로부터 도시를 방어하였다.'

Я нашёл ключ **от до́ма.** '나는 집 열쇠를 찾았다.'

연습문제 1 다음 러시아어 문장을 한국어로 번역하시오.

(1) От озера они шли пешком.
(2) Поезд отошёл от станции.
(3) Мы ходим пешком от дома до работы.
(4) Я узнал об этом от друга.
(5) Передайте ему письмо от матери.
(6) Я не могу сказать ни слова от волнения.
(7) Нужно отличать субъективное от объективного.
(8) Это помогает от простуды?

4.1.2. 전치사 до

전치사 до는 공간적 한계, 시간적 한계, 시간적 선행, 정도 · 한도, 수량적 한계 등을 표시한다.

Он е́хал на маши́не от Владивосто́ка **до Санкт-Петербу́рга.** '그는 블라디보스또크에서 상뜨-뻬쩨르부르그까지 차를 타고 갔다.'

До пло́щади мы шли пешко́м. '우리는 광장까지 걸어서 갔다.'

Лю́ди хотя́т жить **до ста** лет. '사람들은 100세까지 살고 싶어한다.'

Сего́дня он пришёл домо́й **до у́жина.** '오늘 그는 저녁식사 전에 집에 도착했다.'

Мы танцева́ли **до упа́ду.** '우리는 지칠 때까지 춤을 추었다.'

Температу́ра дошла́ **до три́дцати гра́дусов.** '온도가 30도까지 다다랐다.'

연습문제 2 다음 러시아어 문장을 한국어로 번역하시오.

(1) Мы доехали до центра на метро.
(2) Они ждали до прихода отца.
(3) Он встал до рассвета.
(4) Она смеялась до слёз.
(5) Я дочитал книгу до конца.

4.1.3. 전치사 с

전치사 с는 생격에서 장소의 표면에서의 이탈, 도착의 출발장소, 사람이나 사물의 출처나 유래, 동작의 기점, 관점, 사람이나 사물의 위치, 시간적 기점, 원인 · 계기 · 이유, 행위시작 시간, 운동방향, 몇몇 어결합에서 행위의 원인 등을 표시한다.

По́езд сошёл **с ре́льсов.** '기차가 탈선했다.'
Он пришёл **с пло́щади.** '그는 광장에서 왔다.'
Он получи́л письмо́ **с ро́дины.** '그는 고향에서 온 편지를 받았다.'
С э́того ме́ста я всё хорошо́ слы́шу. '나는 이 장소에서부터 모든 것을 잘 듣고 있다.'
С моё́й то́чки зре́ния всё бу́дет хорошо́. '내 관점에서 볼 때 모든 것은 잘 될 것이다.'
С пра́вой страны́ от доро́ги нахо́дится апте́ка. '길에서부터 우측에 약국이 있다.'
Де́ти **с утра́** до ве́чера игра́ют в саду́. '아이들은 아침부터 저녁까지 정원에서 놀고 있다.'
Он вскри́кнул **с испу́га.** '그는 놀라서 고함을 쳤다.'

☞ 이 마지막 문장의 경우에는 전치사 с가 от와 의미가 유사하다. 위의 문장은 «Он вскрикнул от испуга»로 표현할 수도 있다.

연습문제 3 다음 러시아어 문장을 한국어로 번역하시오.

(1) Студент взял книгу с полки.
(2) Мы приехали с завода.
(3) Он готовился к экзамену с понедельника.
(4) В офисе с утра кипит работа.
(5) Она заболела с горя.

4.1.4. 전치사 из

전치사 из는 내부에서부터 바깥으로 이동하는 운동방향, 출처 · 유래, 출신 · 소속, 전체의 부분, 가장 우수한 사람이나 사물, 재료 · 구성, 어떤 상태에서 다른 상태로 이동, 동기 · 이유 등을 표시한다.

Он вы́шел **и́з дому.** '그는 집에서 나왔다.'

☞ 전치사 из는 안에서 바깥으로 이동하는 운동방향을 표시하고, с는 사물의 표면에서 이탈되는 것을 표시하고, от는 장소의 기점에서부터 벗어나는 것을 표시한다.

Я узна́л **из газе́ты** об э́том. '나는 신문에서 이것에 대하여 알았다.'
Он челове́к **из Санкт-Петербу́рга.** '그는 상뜨-뻬쩨르부르그 출신이다.'
Из э́тих веще́й мне ничего́ не ну́жно. '이 물건 중에서 내가 필요한 것은 아무 것도 없다.'
Из совреме́нных сове́тских писа́телей бо́льше всех я люблю́ Паусто́вского.
'현대 소비트 작가들 중에 나는 빠우스똡스끼를 가장 좋아한다.'
Хлеб пеку́т **из муки́.** '빵을 밀가루로 만든다.'
Из си́него цвета не́бо ста́ло се́рым. '하늘이 푸른 색에서 회색으로 되었다.'
Мы сде́лали э́то **из любви́** к ро́дине. '우리는 조국에 대한 사랑으로 이것을 했다.'
Эти слова́ **из стихотворе́ния** Пу́шкина? '이 단어는 뿌쉬낀의 시에서 발췌한 것이냐?'
плато́к **из шёлка** '실크(로 만든) 스카프'

отказáться **из прúнципа** '원칙에 따라서 거절하다'

Некóторые **из студéнтов** вы́полнили задáние досрóчно. '노동자들 중 몇 사람들은 기간 내에 과제를 다 수행했다.'

연습문제 4 다음 러시아어 문장을 한국어로 번역하시오.

(1) Она вышла из автобуса.
(2) Вы из какого города?
(3) Из ста рублей не осталось ни копейки.
(4) Из чего приготовлено это лекарство?
(5) Мы отказались выполнить просьзу из принципа.

4.1.5. 전치사 у

전치사 전치사 у는 가까이 있는 사람이나 사물, '집 또는 집무실'의 의미, 소속 · 소유, 한정적인 의미, 사람이나 사물의 소유 등을 표시한다.

У стены́ стоя́ло пианúно. '벽 근처에 피아노가 있었다.'

Я занимáюсь **у себя́** дóма. '나는 자택에서 공부하고 있다.'

У меня́ есть кнúга. '나는 책이 있다.'

У нас в университéте большáя библиотéка. '우리 대학교에 큰 도서관이 있다.'

Я приобрёл рéдкую кнúгу **у букинúста**. '나는 고서점에서 희귀본을 구했다.'

연습문제 5 다음 러시아어 문장을 한국어로 번역하시오.

(1) Мы жили летом у моря.
(2) Он живёт у родителей.
(3) У вас русско-корейский словарь?
(4) Что у вас в портфеле?
(5) Я узнал об этом у знакомого.

4.1.6. 전치사 без

전치사 без는 사람이나 사물의 부재, 부재중, 시각표시, 행위 발생방법 등을 표시한다.

Я пью ко́фе **без молока́.** '나는 우유를 타지 않은 커피를 마신다.'

Он звони́л **без меня́.** '내가 없을 때 그가 전화했다.'

Сейча́с **без десяти́** пять. '지금 5시 10분 전이다.'

Он рабо́тал **без о́тдыха.** '그는 쉬지 않고 일했다.'

연습문제 6 다음 러시아어 문장을 한국어로 번역하시오.

(1) Он лежал без сознания.
(2) Один человек приходил без вас.
(3) Сейчас без четверти шесть.
(4) Ученик решил задачу без труда.

4.1.7. 전치사 для

전치사 для는 이익을 주는 대상, 목적, 용도, 이유 · 원인, 이해관계 · 평가기준, 서로 어울리지 아니함 등을 나타낸다.

Он сде́лал э́то **для меня́.** '그는 나를 위하여 이것을 했다.'

Иску́сство должно́ служи́ть **для бла́га** челове́ка. '예술은 인간의 행복을 위하여 쓰임 받아야 한다.'

Баро́метр слу́жит **для измере́ния** атмосфе́рного давле́ния. '기압계는 기압을 측정하는 용도로 쓰인다.'

Сто причи́н **для ра́дости** '기쁨을 위한 100가지 이유'

Э́то вре́дно **для дете́й.** '이것은 아이들에게 해롭다.'

Для своего́ во́зраста он вы́глядит мо́лодо. '자기 나이에 비하면 그는 젊게 보인다.'

연습문제 7 다음 러시아어 문장을 한국어로 번역하시오.

(1) Отец купил книги для детей.
(2) Он читал эту книгу для отдыха.
(3) Это зимняя одежда для строителей.
(4) Это хорошо для здоровья.
(5) Это полезно для здоровья.
(6) Он опытен для своих лет.

4.1.8. 전치사 кроме

전치사 кро́ме는 배제 또는 부가의 의미를 표시한다.

В кла́ссе никого́ не бы́ло, **кро́ме учи́теля.** '교실에는 선생님 외에 아무도 없었다.'

Кро́ме ру́сского языка́ он зна́ет ещё англи́йский язы́к. '러시아어 외에 그는 영어도 안다.'

연습문제 8 다음 러시아어 문장을 한국어로 번역하시오.

(1) Я могу есть всё, кроме яиц.
(2) В комнате не было ничего, кроме кровати.
(3) Все пришли вовремя, кроме одного друга.
(4) Кто там был, кроме тебя?
(5) Кроме меня в комнате был ещё один человек.

4.2. 여격 전치사

여격 전치사는 к, по, благодаря́, вопреки́, навстре́чу, согла́сно 등이 있다.

4.2.1. 전치사 к

전치사 к는 사람이나 사물에 접근하는 운동 · 이동방향, 도착 · 접속 · 부착, 이행, 부가, 소속, 태도 · 관계, 기한, 용도 등을 표시한다.

Сын е́хал **к отцу́.** '아들은 아버지에게 갔다.'

По́езд подошёл **к ста́нции.** '기차가 역에 도착했다.'

Он подключи́л аппара́т **к телефо́нной се́ти.** '그는 수화기를 전화선에 접속시켰다.'

Он прикле́ил ма́рку **к конве́рту.** '그는 우표를 봉투에 붙였다.'

Он перешёл от стра́ха **к ра́дости.** '그는 두려움에서 기쁨으로 바뀌었다.'

Прибави́те три **к двум.** '2에 3을 부가하시오.'

Кит отно́сится **к млекопита́ющим.** '고래는 포유류에 속한다.'

Его́ дове́рие **к друзья́м** о́чень си́льно. '친구들에 대한 그의 신뢰는 매우 강하다.'

Постро́или шко́лу **к пе́рвому сентября́.** '9월 1일경에 학교를 다 지었다.'

Он купи́л игру́шки **к ёлке.** '그는 크리스마스트리 용도의 장난감들을 구입했다.'

연습문제 9 다음 러시아어 문장을 한국어로 번역하시오.

(1) Я иду к другу.
(2) Машина подъехала к вокзалу.
(3) Он подключил лампу к сети.
(4) Болезнь перешла от матери к детям.
(5) Присоединили село к городу.
(6) Он принадлежал к профсоюзу.
(7) Его вкус к русской литературе очень интересный.
(8) К утру он подготовился к экзамену.

(9) Она явилась к отходу поезда.
(10) Он купил подарок ко дню рождения.

4.2.2. 전치사 по

전치사 по는 운동이 행해지는 공간의 표면, 운동동사와 함께 사용하여 운동이 행해지는 공간표시, 행위가 행해지는 대상, 근거 · 기준, 수단, 원인, 관계, 활동영역 · 범위, 시간, 사물의 하나씩 분배 등을 표시한다.

Ли́стья плыву́т **по ре́ке.** '잎들이 강을 따라 흘러가고 있다.'
Оте́ц хо́дит **по ко́мнате.** '아버지는 방에서 이리저리 걸어다닌다.'
Он хло́пнул **по плечу́.** '그는 어깨를 툭 쳤다.'
Он жил **по пра́вде.** '그는 진실에 따라 바르게 살았다.'
Она́ говори́ла **по телефо́ну.** '그녀는 전화로 말하다.'
Студе́нт отсу́тствовал **по боле́зни.** '대학생은 병이 나서 결석했다.'
Он ро́дственник **по ма́тери.** '그는 외가 친척이다.'
Заня́тия **по ру́сскому языку́** о́чень интере́сны. '러시아어 수업은 매우 흥미롭다.'
Я рабо́таю **по вечера́м,** иногда́ **по ноча́м.** '나는 저녁마다 근무하고, 때로는 밤마다 근무한다.'
Ка́ждый челове́к получи́л **по уче́бнику.** '모든 사람이 참고서 한권씩 받았다.'

연습문제 10 다음 러시아어 문장을 한국어로 번역하시오.

(1) Он путешествовал по стране.
(2) Он гулял по саду.
(3) Он хлопнул себя по лбу.
(4) Она одевается по последней моде.
(5) Поезд ехал по железной дороге.
(6) Он сделал пересадку по ошибке.

(7) Он ошибся по рассеянности.

(8) Он мой дядя по матери.

(9) Он специалист по русскому языку.

(10) Он читает по странице в день.

4.2.3. 전치사 благодаря́

전치사 благодаря́는 긍정적인 원인을 표시하는데 사용된다.

Экску́рсия прошла́ уда́чно **благодаря́ хоро́шей пого́де**.

'여행은 날씨가 좋은 덕분에 잘 마쳤다.'

Благодаря́ хоро́шему руково́дству рабо́та была́ зако́нчена досро́чно.

'잘 지도해준 덕분에 일은 기한 전에 마쳤다.'

☞ 부정적인 원인에 대해서는 일반적으로 전치사 из-за를 사용한다. Экскурсия не состоялась **из-за плохой погоды**. '여행은 날씨가 안 좋아서 이루어지지 못했다.'

4.2.4. 전치사 вопреки́, навстре́чу, согла́сно

전치사 вопреки́는 '-임에도 불구하고, 반대로'를 나타내고, 전치사 несмотря́ на(대격)와 교체될 수 있고, 전치사 навстре́чу는 운동동사와 함께 사용하여 사람과 사물에 대립되는 방향을 표시하고, согла́сно는 '-에 따라서'를 나타내고, 일상적인 문체에서 자주 사용된다.

Вопреки́ всем тру́дностям экспеди́ция вы́полнила зада́ние.

'온갖 어려움에도 불구하고 탐험대는 과제를 수행했다.'

☞ 이 문장을 несмотря на로 교체하면 다음 문장으로 된다: Несмотря на все трудности, экспедиция выполнила задание.

Он поступи́л **вопреки́ прика́зу.** '그는 명령에 반대로 행동했다.'

Друг шёл **мне навстре́чу.** '친구는 나를 마중하였다.'

Всё шло **согла́сно пла́ну.** '모든 일이 계획에 따라 진행되었다.'

연습문제 11 다음 러시아어 문장을 한국어로 번역하시오.

(1) Благодаря хорошей погоде мы прекрасно провели время.
(2) Вопреки предсказанию моего спутника погода прояснилась.
(3) Он продал свой дом вопреки нашим советам.
(4) Он вышел гостям навстречу.
(5) Мы поступили согласно вашему мнению.

4.3. 대격 전치사

대격 전치사는 в, на, за, под, сквозь, че́рез, про, по 등이 있다.

4.3.1. 전치사 в

전치사 в는 내부공간으로의 움직임, 조직 · 시설의 내부로의 운동, 신분 · 자격의 취득, 착수 · 몰두 · 개입, 시선 등의 경로, ~로 향하는 방향, 변화의 결과, 놀이의 대상, 요일과 시각, 시간단위, 소요시간 등을 표시한다.

Он вошёл **в ко́мнату.** '그는 방 안으로 들어갔다.'

Он поступи́л **в университе́т.** '그는 대학에 입학했다.'

Он избра́л его́ **в депута́ты.** '그는 그를 대의원으로 선출했다.'

☞ 이 경우에는 반드시 활동체 명사의 복수 대격형을 사용한다.

Он вступи́л **в разгово́р.** '그는 대화를 개시했다.'

Он смотре́л **в окно́.** '그는 창문을 통하여 창 바깥쪽을 보았다.'

Окна выхо́дят **в сад.** '창은 정원 쪽으로 나 있다.'

Вода́ перешла́ **в пар.** '물이 변하여 증기로 되었다.'

Ка́ждую сре́ду он игра́ет **в те́ннис.** '매 수요일마다 그는 테니스를 친다.'

Собра́ние бу́дет **в сре́ду.** '모임은 수요일에 있을 것이다.'

Он прочита́л кни́гу **в оди́н день.** '그는 책을 하루 동안에 다 읽었다.'

Мы встреча́емся с друзья́ми раз **в ме́сяц.** '그는 친구들과 한달에 한 번 만난다.'

연습문제 12 다음 러시아어 문장을 한국어로 번역하시오.

(1) Он вошёл в дом.
(2) Он вступил в партию.
(3) Он пошёл к другу в гости.
(4) Он углубился в чтение.
(5) Он посмотрел в зеркало.
(6) Он смотрит в окно в сад.
(7) Вода превратилась в лёд.
(8) Они приехали в Пусан в час ночи.
(9) Он написал статью в три месяца.
(10) Я поднимаюсь на гору раз в неделю.

4.3.2. 전치사 на

전치사 на는 표면의 운동, 목적을 동반하는 장소, 동작의 대상, 착용, 승차, 영향, 번역, 목적 · 용도, 유사, 미래를 향한 기간 · 동작결과의 잔존기간, 수량의 차 등을 표시한다.

Она́ положи́ла кни́гу **на стол.** '그녀는 책을 테이블 위에 놓았다.'

Он уéхал в дерéвню **на лéто.** '그는 여름을 지내기 위하여 시골로 떠났다.'

Он посмотрéл **на дéвушку.** '그는 아가씨를 바라보았다.'

Мáма надéла пальтó **на ребёнка.** '엄마는 아이에게 외투를 입혔다.'

Он сел **на автóбус.** '그는 버스에 탔다.'

Никтó не мóжет повлиять **на негó.** '어느 누구도 그에게 영향을 미칠 수가 없다.'

Он перевёл рассkáзы Паустóвского **на корéйский язык.** '그는 빠우스똡스끼의 단편을 한국어로 번역하였다.'

Магазин закрыли **на ремóнт.** '수리하기 위하여 상점을 닫았다.'

Он похóж **на своегó отцá.** '그는 자기 아버지를 닮았다.'

На лéто мы решили поéхать в Тýрцию. '여름에 우리는 터키로 가기로 했다.'

Друг **на гóлову** выше меня. '친구는 나보다 머리 하나가 더 크다.'

연습문제 13 다음 러시아어 문장을 한국어로 번역하시오.

(1) Она поставила вазу на стол.
(2) Он шёл в университет на урок.
(3) Он указал пальцем на памятник.
(4) Он надел кольцо будущей жене на палец.
(5) Он сел на такси.
(6) Учитель влиял на своих учеников.
(7) Он перевёл роман Л. Толстого на корейский язык.
(8) Он откладывал деньги на поездку.
(9) Ребёнок похож на свою маму.
(10) Мы уехали в деревню на две недели.
(11) Жена моложе меня на четыре года.

4.3.3. 전치사 за

전치사 за는 너머로 나아가는 운동방향, 수 · 양의 초과, 선행 시간, 완성을 요구하는 기간, 행동의 목적 · 이익의 옹호, 근거 · 원인 · 이유, 교환 · 댓가지불, 다른 사람을 대신하여 행함, 결혼대상, 착수 · 시작 등을 나타낸다.

Со́лнце зашло́ **за ту́чу.** '태양은 먹구름 너머로 사라졌다.'

Он жени́лся, когда́ ему́ бы́ло **за со́рок.** '그는 마흔이 넘었을 때 결혼했다.'

Он прие́хал **за день** до моего́ прие́зда. '그는 내가 도착하기 하루 전에 왔다.'

Он прочита́л кни́гу **за день.** '그는 하루만에 책을 다 읽었다.'

Он рабо́тает **за дру́га.** '그는 친구를 위하여 일한다.'

Благодарю́ вас **за по́мощь.** '도움을 주셔서 감사합니다.'

Я не ду́маю, что всё мо́жно купи́ть **за де́ньги.** '나는 돈으로 모든 것을 살 수 있다고 생각하지 않는다.'

Она́ рабо́тала **за сестру́.** '그는 누이를 대신하여 일했다.'

Она́ вы́шла за́муж **за компози́тора.** '그녀는 작곡가에게 시집갔다.'

Он взялся́ **за ра́боту.** '그는 일을 시작했다.'

연습문제 14 다음 러시아어 문장을 한국어로 번역하시오.

(1) Она спряталась за дерево.

(2) Беседа затянулась за полночь.

(3) Он закончил свою работу за день до срока.

(4) Он кончил всю работу за два часа.

(5) Тост за ваше здоровье!

(6) Его ценят за честность.

(7) Он принял грушу за яблоко.

(8) Он работал за друга.

(9) Она вышла замуж за врача.

(10) Он принялся за учёбу.

4.3.4. 전치사 под

전치사 под는 아래 방향으로의 운동방향, 접근, 전일 · 전야, 근사치, 반주, 사물의 용도, 전치사 накану́не와 유사한 의미 등을 나타낸다.

Он положи́л письмо́ **под кни́гу**. '그는 편지를 책 아래 쪽에 두었다.'

Он подскака́л **под кре́пость**. '그는 요새 쪽으로 말을 다고 접근하였다.'

Это произошло́ **под Но́вый год**. '이것은 새해 전날 밤에 발생하였다.'

Там бы́ло челове́к **под сто**. '그곳에는 약 100명 정도의 사람이 있었다.'

Они́ пе́ли **под гита́ру**. '그들은 기타 반주로 노래하였다.'

Эту ко́мнату отвели́ **под чита́льный зал**. '이 방을 독서실 용도로 배당했다.'

연습문제 15 다음 러시아어 문장을 한국어로 번역하시오.

(1) Он поставил чемодан под кровать.
(2) Он подошёл под окно.
(3) Он поехал в Киев под праздник.
(4) Кошка убежала под стол.
(5) Они танцевали под музыку.
(6) Они построили склад под овощи.

4.3.5. 전치사 че́рез

전치사 че́рез는 사물의 한 측면에서 또 다른 한 측면으로 횡단하는 행위, 관통, 사물의 위를 넘어가는 행동, 매개, 시간적으로 ~후에, ~의 간격 등을 나타낸다.

Он перешёл **че́рез у́лицу**. '그는 길을 가로 질러 건넜다.'

Кровь просочи́лась **че́рез бинт**. '피가 붕대를 삐집고 나왔다.'

Он пры́гнул **че́рез забо́р.** '그는 울타리를 뛰어 넘었다.'

Он сообщи́л но́вость **че́рез дру́га.** '그는 친구를 통해서 소식을 알려주었다.'

Он вернётся домо́й **че́рез год.** '그는 일년 지나서 집으로 돌아올 것이다.'

Метро́ хо́дит **че́рез ка́ждые пять мину́т.** '지하철은 매 5분 간격으로 다닌다.'

연습문제 16 다음 러시아어 문장을 한국어로 번역하시오.

(1) Он перешёл через границу.
(2) Река протекает через город.
(3) Он живёт через два дома.
(4) Я узнал об этом через газету.
(5) Я опять приду через один час.
(6) Я хожу туда через день.

4.3.6. 전치사 сквозь

전치사 сквозь는 어떤 사물에 스며들어가는 행위, 어떤 행위 또는 동작에 방해가 되는 사물을 표시한다.

Вода́ течёт **сквозь кры́шу.** '물이 지붕에서 샌다.'

Он шёл **сквозь во́ду и ого́нь.** '그는 위험한 일을 무릅쓰고 갔다.'

4.3.7. 전치사 про

전치사 про는 말이나 사고의 대상을 나타낸다.

Де́ти слу́шали ска́зку **про Ива́на-царе́вича.** '아이들이 이반 왕자에 관한 이야기를 들었다.'

Он расска́зывал **про свой о́тпуск.** '그는 자신의 휴가에 대하여 이야기했다.'

4.3.8. 전치사 по

전치사 по는 공간적 한계, 시간적 한계, 둘 또는 그 이상의 분배, 여러 개의 같은 종류의 물건 가격 등을 표시한다.

Он прочитáл с пéрвой **по пя́тую главý**. '그는 1장부터 5장까지 읽었다.'

Он получи́л óтпуск **по пятнадцáтое áвгуста**. '그는 8월 15일까지 휴가를 받았다.'

Кáждый получи́л **по четы́ре я́блока**. '각자 사과를 네 개씩 받았다.'

☞ 물건을 하나씩 분배할 때는 여격이 사용된다. Они получили **по яблоку**. '그들은 사과를 한개씩 받았다.'

Он купи́л четы́ре кни́ги **по 20 рублéй**. '그는 20 루블짜리 책 4권을 구입했다.'

연습문제 17 다음 러시아어 문장을 한국어로 번역하시오.

(1) Я смотрел его сквозь стекло.
(2) Он прошёл сквозь тяжёлое испытание.
(3) Не забывайте про горе.
(4) У него работы по горло.
(5) Мы путешествовали с первого июля по первое августа.
(6) Все купили по две книги.
(7) Студенты купили четыре книги по десять рублей.

4.4. 조격 전치사

조격 전치사는 с, за, над, под, пéред, мéжду 등이 있다.

4.4.1. 전치사 с

전치사 с는 공동 행위, 소지 · 수반, 대상의 자질, 행위양태, 수단, 동작의 목적, 동시적인 시간 등을 표시할 수 있다.

Он пришёл домóй **с дрýгом.** '그는 친구와 함께 집에 왔다.'
Он сидéл у рекú **с ýдочкой.** '그는 낚시대를 들고 강가에 앉아 있었다.'
Онú жúли в кóмнате **с большúми óкнами.** '그들은 큰 창문들이 달린 방에서 살았다.'
Студéнты слýшали лéкцию **с интерéсом.** '대학생들은 강의를 흥미롭게 들었다.'
Лю́ди пошлú искáть егó **с собáками.** '사람들은 개들을 데리고 그를 찾으러 떠났다.'
Он прибы́л в Москвý **с официáльным визúтом.** '그는 공식방문으로 모스끄바에 도착했다.'
Птúцы просыпáются **с зарёю.** '새들은 새벽노을이 질 때 잠에서 깬다.'

연습문제 20 다음 러시아어 문장을 한국어로 번역하시오.

(1) Мы с ним друзья.
(2) Солдат стоял на посту с автоматом.
(3) Там лежит книга с картинками.
(4) Они смотрели фильм с удовольствием.
(5) Я уезжаю с утренним поездом.
(6) Он обратился к нему с просьбой.
(7) Он выехал с рассветом.

4.4.2. 전치사 за

전치사 за는 배후의 장소, 종사하는 대상, 목적, 원인 · 이유, 시간 등을 표시한다.

За стено́й бы́ли слы́шны голоса́. '벽 너머에 목소리들이 들렸다.'

Они́ сейча́с **за рабо́той**. '그들은 지금 일하는 중이다.'

Мать ушла́ в магази́н **за хле́бом**. '어머니는 빵을 구하러 상점으로 떠났다.'

За отсу́тствием вре́мени я не могу́ пое́хать туда́. '시간이 부족해서 나는 그리로 갈 수 없습니다.'

За обе́дом он чита́л газе́ту. '점심 식사 중에 그는 신문을 읽었다.'

연습문제 21 다음 러시아어 문장을 한국어로 번역하시오.

(1) За домом есть огород.
(2) Мы разговариваем за ужином.
(3) Он пошёл в библиотеку за книгами.
(4) За темнотой трудно было найти дом.
(5) За ужином мы беседовали весело с семьёй.

4.4.3. 전치사 над, под, пе́ред, ме́жду

전치사 над, под, пе́ред, ме́жду는 장소를 표시하기 위하여 사용된다.

☞ 이 외에 перед는 '시간'의 의미로, между는 '관계' 등의 의미로 사용된다. перед обедом. '점심 식사 전에', переговоры между корейским и русским правительствами '한러양국정부간의 교섭'

Ла́мпа виси́т **над столо́м**. '램프가 테이블 위에 매달려 있다.'

Каранда́ш лежи́т **под кни́гой**. '연필이 책 아래에 놓여 있다.'

Цветы́ расту́т **пе́ред до́мом**. '꽃들이 집 앞에 피어 있다.'

Доро́га шла **ме́жду реко́й и гора́ми**. '길이 강과 산 사이에 지나고 있었다.'

연습문제 22 다음 러시아어 문장을 한국어로 번역하시오.

(1) Самолёт пролетает над городом.

(2) Мы сидели под деревом.

(3) Машина стоит перед рекой.

(4) Он обещал вернуться между весной и летом.

(5) Сын вернулся перед обедом.

Word Study 4. 신체

외국어를 습득하는데 신체어휘는 필수 중의 필수적인 어휘이다. 자신의 신체 부위를 생각하면서 러시아어 신체어휘를 익혀보시오.

головá '머리'	**вóлосы** '머리카락'	**плечó** '어깨'
спинá '등'	**ногá** '발'	**колéно** '무릎'
пáлец '손가락'	**зуб** '이'	**рот** '입'
губá '입술'	**лицó** '얼굴'	**глаз** '눈'
нос '코'	**ýхо** '귀'	**язы́к** '혀'
шéя '목'	**рукá** '팔'	**живóт** '배'

제5장

형용사(имя прилагательное)

러시아어에서 형용사는 수식을 받는 명사의 성, 수, 격과 일치한다.

Это нóвый журнáл. '이것은 새 잡지다.'

Это нóвая кни́га. '이것은 새 책이다.'

Это нóвое окнó. '이것은 새 창이다.'

☞ 러시아어와 한국어를 비교하여 보면, 한국어에서는 잡지, 책, 창을 수식하는 동일한 단어 '새로운'을 사용한다. 그러나 러시아어에는 첫 번째 **журнал**은 남성 단수 주격이고, 그래서 이 단어를 수식하는 형용사도 남성 단수 주격 형태인 **новый**를 사용하고, 두 번째 문장에서 **книга**는 여성 단수 주격으로 사용되었고, 그래서 이 단어를 수식하는 형용사도 여성 단수 주격 형태인 **новая**를 사용하고, 세 번째 문장에서 **окно**는 중성 단수 주격으로 사용되었고, 그래서 이 단어를 수식하는 형용사도 중성 단수 주격 형태인 **новое**를 사용한다.

5.1. 형용사 격변화 유형 식별방법

형용사가 명사와 성, 수, 격에서 일치하기 때문에 형용사도 명사와 같이 경자음 변화와 연자음 변화를 구분해야 한다. 그런데 명사에서 이미 설명한 바와 같이 경자음 기본형은 암기해야 하지만 연자음 변화와 그 유형들은 경자음 기본형에서 어떻게 유도되어 나오는지를 이해해야 한다. 이를 위하여 먼저 형용사 어간이 경자음 변화에 속하는지 연자음 변화에 속하는지 식별할 수 있어야 한다. 명사의 경우 남성명사는 어간으로 끝나 있고, 여성명사나 중성명사의 경우 마지막 모음을 제외한 부분이 어간에 해당된다. 그러나 형용사의 경우 경자음 기본형의 어미가 **-ый, -ая, -ое, -ые** 등이기 때문에 이 어미 앞에 있는 어간을 보고 해당 단어가 어떤 유형에 속하는지 식별해야 한다. 예를 들어, но́вый의 경우 нов-까지가 어간이고, -ый가 형용사 어미에 해당된다. 그렇기 때문에 нов-의 마지막 문자 в와 -ый의 첫 문자 ы를 보고 형용사의 경자음성 여부를 식별해야 한다. но́вый의 경우 ы 앞에 있는 в는 경자음이고 때문에 형용사 но́вый는 경자음 기본형에 속한다는 것을 알 수 있다. 이와 같이 형용사 어간의 끝과 어미의 첫 음을 보고 해당 형용사가 경자음 변화에 속하는지 연자음 변화에 속하는지 식별할 수 있다.

형용사 어간과 어미 식별 방법

형용사 어간	어미	식별 방법
нов-	-ый	ы 앞 자음 в는 경자음

☞ 명사와 달리 형용사의 경우에는 마지막 문자가 아니라 형용사 어미의 첫 번째 문자와 어간의 끝 자음을 보고 해당 형용사가 어떤 유형에 속하는지 결정된다고 했다. новый 경우에는 어간의 끝인 в가 ы앞에 있으니까 경자음인 것을 알 수 있다. новый와 동일한 변화에 속하는 형용사는 старый '오래된', интересный '흥미로운', приятный '즐거운', красивый '아름다운', белый '흰', красный '붉은' 등을 들 수 있다. 설령 이 단어의 뜻을 모른다 하더라도 이 단어가 어떤 변화에 속하는지는 바로 알 수가 있다. 예를 든 이 모든 단어는 형용사 경자음 기본형에 속하는 단어들이다. 또 다른 형용사 молодой '젊은'를 살펴보자. 형용사 молодой는 앞에서 예를 든 новый처럼 생기지 않고 -ой로 끝나 있고, 이 위에는 항상 강세가 놓인다. 여기서 молод-가 어간이고 -ой가 어미이다. 그래서 어간의 끝인 д는 о 앞에 있기 때문에 경자음인 것을 바로 알 수 있다. 기본형에서 형용사 어미의 모양이 좀 다르지만 молодой도 경자음 변화에 속한다. 이 변화유형에 속하는 형용사는 голубой '푸른', тупой '우둔한', злой '악의 있는' 등이 있다. 이번에는 долгий '긴'를 보자. 이 단어의 ги는 г 뒤에 ы를 사용하지 못하고 и를 사용하는 러시아어 정자법 규칙 때문이고, новый와 비교하면 «ы → и»만 다르고 나머지 모든 변화는 동일하다. долгий도 경자음 변화에 속하고, 이 변화유형에 속하는 형용사는 маленький '작은', английский '영어의', строгий '엄한' 등이 있다. 이번에는 зимний '겨울의'를 살펴보자. 이 단어의 ни에서 어간의 끝 н은 и 앞에 있기 때문에 연자음이다. ы 앞에 있는 자음은 항상 경자음이고 이 음에 대응되는 и 앞에 있는 자음은 항상 연자음이라고 설명드렸다. 그리하여 зимний는 연자음 변화에 속한다. 이 변화유형에 속하는 형용사는 осенний '가을의', весенний '봄의', летний '여름의' 등이 있다. 이번에는 хороший '좋은'를 살펴보자. 이 유형은 기본적으로 연자음 변화와 유사하지만 어간의 끝이 쉿소리(ж, ч, ш, щ)로 끝나는 경우 이 음 뒤에서는 я → а, ю → у로 되는 정자법 규칙이 작용한다. 마지막으로 большой '큰'를 살펴보자. 이 유

형은 기본적으로 **хороший**의 변화와 유사하지만 어미에 강세가 떨어지는 것으로 인하여 **е → о**만 차이가 난다. 이상의 설명에서 형용사 변화유형은 어간에 따라 **новый(1), молодой(2), лёгкий(3), зимний(4), хороший(5), большой(6)**의 여섯가지 유형으로 나누어진다. 그래서 형용사 변화유형을 알기 전에 먼저 형용사를 보고 이 단어가 형용사의 어떤 변화유형에 속하는지 먼저 파악해야 한다. 명사변화에서 설명한 것과 같이 경자음 기본형에 속하는 **новый(1)** 유형만 암기하고 나머지는 유도 규칙을 통해 이해해야 한다.

연습문제 1 다음 형용사가 위에서 분석한 형용사의 어떤 유형에 속하는지 맞추어보시오.

светлый, старый, сегодняшний, тихий, молодой, горячий, большой

5.2. 형용사 격변화

형용사는 명사에 종속되어 있기 때문에 형용사의 의미는 따로 살피지 않고, 형용사 격변화의 표현방법을 살펴보겠다.

5.2.1. 주격의 표현방법

경자음 기본형에서 형용사 남성 단수주격 어미 **-ый**, 여성 단수주격 어미 **-ая**, 중성 단수주격 어미 **-ое** 그리고 복수주격 어미 **-ые**이다.

☞ 사전에서 **новый**를 보면 경자음 기본형이라는 것을 알아야 한다. 그러면 이 형용사는 자동적으로 여성 단수주격 어미 **-ая**, 중성 단수주격 어미 **-ое**, 복수주격 어미 **-ые**로 된다. 그렇기 때문에 형용사 격어미는 기본형만 사전에 등재되어 있다. 사전에 등재된 기본형을 보고 해당 형용사가 어떤 유형에 속하는지 알고 해당 형용사의 어미도 알아야 한다.

형용사 경자음 기본형의 주격어미

유형	단수			복수
	남성	여성	중성	모든 성
1번 유형	-ый	-ая	-ое	-ые

но́вый(1) 유형의 남성단수 주격어미 -ый, 여성단수 주격어미 -ая, 중성단수 주격어미 -ое, 그리고 복수 주격어미가 -ые인 것을 안다면 나머지 유형이 어떻게 되는지 살펴보자. молодо́й(2)는 경자음 유형에 속하지만 기본형 어미가 -ой이고 항상 강세가 어미에 떨어진다. 그렇기 때문에 молодо́й(2)의 여성단수 주격어미, 중성단수 주격어미, 복수 주격어미는 но́вый(1) 유형과 같이 -ая, -ое, -ые이다. лёгкий(3)도 경자음 유형에 속하지만 기본형 어미가 -ий인 것은 어간의 끝인 к 뒤에 ы를 못쓰고 и를 쓰는 정자법 규칙 때문에 이렇게 된 것이다. 그렇기 때문에 ы → и 부분만 다르고 나머지는 но́вый(1) 변화와 완전히 동일하다. 그래서 лёгкий(3)의 여성 단수주격 어미, 중성 단수주격 어미, 복수주격 어미는 -ая, -ое, -ие이다. 여기까지가 경변화에 속하는 것이다. зи́мний(4)는 이 형용사의 어미의 첫자인 и 앞에 있는 자음 н은 연음이기 때문에 연변화에 속한다. 그래서 이 형용사의 어간은 зимн'-이다. 이 어간에 여성 어미 -ая를 붙이면 «зимн' + -ая → зимняя»로 된다. 중성어미도 зимн' + -ое로 되어야 하지만, 연자음 (н') 뒤에는 о가 올 수 없고, 대신 е 또는 ё가 와야 하는데, 이 형용사는 어간에 강세가 놓이기 때문에 е가 와서 최종적으로 зи́мнее로 된다. 복수어미는 зимн' + -ые가 되어야 하지만 연자음 (н') 뒤에는 ы가 못오고 대응되는 и가 와야 한다. 그래서 «зимн' + -ие → зимние»로 된다. 이번이 처음이니까 자세하게 설명하지만 익숙해지면 자동으로 연자음 뒤에는 а → я, о → е, ы → и로 자동적으로 유도된다. 이번에는 хоро́ший(5) 변화를 보자. 이 유형은 기본적으로 연자음 변화와 유사하지만 어간의 끝이 쉿소리(ж, ч, ш, щ)로 끝나는 경우에 이 음 뒤에서는 я → а, ю → у로 되는 정자법 규칙이 작용한다. 그래서 хоро́ший(5)의 여성 단수주격 어미는 -ая, 중성 단수주격 어미는 -ее, 복수주격 어미는 -ие이다. 마지막으로 большо́й(6) 변화를 보자. 이 유형은 기본적으로 хоро́ший의 변화와 유사하지만 어미에 강세가 떨어지는 것으로 인하

여 e → o만 차이가 난다. 그래서 большóй(6)의 여성 단수주격 어미는 -ая, 중성 단수주격 어미는 -ое, 복수주격 어미는 -ие이다.

위의 분석에 따라 형용사 전체 유형의 주격어미를 표로 나타내면 다음과 같다.

형용사 주격어미

유형	단수			복수
	남성	여성	중성	모든 성
1번 유형	-ый	-ая	-ое	-ые
2번 유형	-ой	-ая	-ое	-ые
3번 유형	-ий	-ая	-ое	-ие
4번 유형	-ий	-яя	-ее	-ие
5번 유형	-ий	-ая	-ее	-ие
6번 유형	-ой	-ая	-ое	-ие

☞ 반복하여 강조하지만 2번에서 6번까지의 유형은 설명의 편의를 위하여 표로 나타낸 것이다. 이 표를 암기하려 해서는 안 된다. 1번 유형만 암기하고 2번에서 6번까지의 유형은 각 유형에 해당되는 유도규칙으로 이해해야 한다. 그렇게 해야 문법이 통(通)하게 된다.

연습문제 2 다음 형용사 여성, 중성 단수 주격어미와 복수 주격어미를 쓰시오.

трудный, утренний, ранний, долгий, глазной, лучший, большой

5.2.2. 생격의 표현방법

경자음 기본형에서 남성 단수생격 어미 -ого, 여성 단수생격 어미 -ой, 중성 단수생격 어미-ого, 복수생격 어미 -ых이다.

형용사 경자음 기본형의 생격 어미

유형	단수			복수
	남성	여성	중성	모든 성
1번 유형	-ого	-ой	-ого	-ых

но́вый(1)의 남성 단수생격 어미, 여성 단수생격 어미, 중성 단수생격 어미, 복수생격 어미가 각각 -ого, -ой, -ого, -ых인 것을 안다면 나머지 어미가 어떻게 되는지 살펴보자. молодо́й(2)는 но́вый(1)와 비교할 때 어미에 강세가 떨어지는 것만 차이가 난다. 그래서 молодо́й(2)의 생격어미는 -ого, -ой, -ого, -ых이다. 그리고 лёгкий(3)도 но́вый(1)와 비교할 때 ы → и만 차이가 난다. 그래서 лёгкий(3)의 생격어미는 -ого, -ой, -ого, -их이다. 그리고 зи́мний(4)는 연변화이다. 그래서 «зимн' + -ого, -ой, -ого, -ых»로 되어야 하지만, 앞의 주격에서 설명한 바와 같이 연자음 뒤에선 о → е, ы → и의 유도규칙으로 -его, -ей, -его, -их로 된다. хоро́ший(5) 유형은 기본적으로 연자음 변화와 유사하지만 어간의 끝이 쉿소리(ж, ч, ш, щ)로 끝나는 경우에 이 음 뒤에서는 я → а, ю → у로 되는 정자법 규칙이 작용한다고 했다. 따라서 хоро́ший(5)의 생격어미는 -его, -ей, -его, -их이다. 마지막으로 большо́й(6) 유형은 хоро́ший의 변화와 유사하지만 어미에 강세가 떨어지는 것으로 인하여 е → о만 차이가 난다고 했다. 그래서 большо́й(6)의 생격어미는 -ого, -ой, -ого, -их이다.

위의 분석에 따라 형용사 전체 유형의 생격어미를 표로 나타내면 다음과 같다.

형용사 생격어미

유형	단수			복수
	남성	여성	중성	모든 성
1, 2번 유형	-ого	-ой	-ого	-ых
3번 유형	-ого	-ой	-ого	-их
4, 5번 유형	-его	-ей	-его	-их
6번 유형	-ого	-ой	-ого	-их

☞ 2번 유형은 모두 어미에 강세가 떨어진다.

연습문제 3 다음 문장에서 괄호 안에 있는 형용사를 문맥에 맞게 변화시키시오.

1. Кроме (корейский) языка он знает ещё английский.
2. Я купил книгу для (русский) друга.
3. Он говорил по-русски без (большой) ошибки.
4. Он уже освободился от (трудный) работы.
5. Горы защищают залив от (северный) ветра.

5.2.3. 여격의 표현방법

경자음 기본형에서 남성 단수여격 어미 -ому, 여성 단수여격 어미 -ой, 중성 단수여격 어미 -ому, 복수여격 어미 -ым이다.

형용사 경자음 기본형의 여격어미

유형	단수			복수
	남성	여성	중성	모든 성
1번 유형	-ому	-ой	-ому	-ым

но́вый(1)의 남성 단수여격 어미, 여성 단수여격 어미, 중성 단수여격 어미, 복수여격 어미가 각각 -ому, -ой, -ому, -ым인 것을 안다면 나머지 유형의 어미가 어떻게 되는지 살펴보자. молодо́й(2)도 어미에 강세가 떨어지는 것만 제외하면 -ому, -ой, -ому, -ым로 동일하다. лёгкий(3)도 ы → и만 제외하고 но́вый(1) 변화와 완전히 동일하다. 그래서 -ому, -ой, -ому, -им이다. зи́мний(4)는 연변화이다. 그래서 «зимн' + -ому, -ой, -ому, -ым»로 되어야 하지만, 앞의 주격에서 설명한 바와 같이 연자음 뒤에선 о→е, ы→и 규칙에 의하여 -ему, -ей, -ему, -им으로 된다. хоро́ший(5) 유형은 기본적으로 연자음 변화와 유사하기 때문에 -ему, -ей, -ему, -им이다. 마지막으로 большо́й(6) 유형은 хоро́ший의 변화와 유사하지만 어미에 강세가 떨어지는 것으로 인하여 е → о만 차이가 나기 때문에 -ому, -ой, -ому, -им이다.

위의 분석에 따라 형용사 전체 유형의 여격어미를 표로 나타내면 다음과 같다.

형용사 여격어미

	남성	여성	중성	모든 성
1, 2번 유형	-ому	-ой	-ому	-ым
3번 유형	-ому	-ой	-ому	-им
4, 5번 유형	-ему	-ей	-ему	-им
6번 유형	-ому	-ой	-ому	-им

☞ 2번 유형은 모두 어미에 강세가 떨어진다.

연습문제 4 다음 문장에서 괄호 안에 있는 형용사를 문맥에 맞게 변화시키시오.

1. Я написал письмо (старший) брату.
2. Поезд приближается к (большой) мосту.
3. Все радуются (весенний) солнцу.
4. Студенты готовятся к (последний) экзамену.

5.2.4. 대격의 표현방법

경자음 기본형에서 단수에서는 남성 대격에서 비활동체와 활동체를 구분하고, 복수에서는 여성명사도 비활동체와 활동체를 구분한다. 비활동체 남성 단수대격은 주격과 동일하고, 활동체 남성 단수대격은 생격과 동일하다. 그리고 여성 단수대격 어미는 -ую, 중성 단수대격 어미는 -ое이다.

형용사 경자음 기본형의 대격 어미

유형	단수				복수
	남성		여성	중성	모든 성
	비활동체	활동체			
1번 유형	-ый	-ого	-ую	-ое	주격 또는 생격(중성은 주격)

☞ 복수변화에서 남성과 여성 비활동체는 주격과 동일하고, 활동체는 생격과 동일하다. 그리고 중성 명사는 활동체, 비활동체 구별이 없기 때문에 주격과 동일한다. 아래에서 복수 대격 변화 유형은 따로 표시하였다.

но́вый(1)의 남성 단수대격 어미, 여성 단수대격 어미, 중성 단수대격 어미, 복수 대격 어미가 각각 -ый(비활동체), -ого(활동체); -ую, -ое, 주격 또는 생격(☞복수변화는 따로 표시하였음)인 것을 알았다면 나머지 유형의 어미가 어떻게 되는지 살펴보자. молодо́й(2)도 어미에 강세가 떨어지는 것만 제외하고 -ой(비활동체), -ого(활동체); -ую, -ое로 но́вый(1) 유형과 유사하다. 그리고 лёгкий(3)도 ы → и를 제외하

고 но́вый(1) 변화와 유사하여 -ий(비활동체), -ого(활동체); -ую, -ое이다. зи́мний(4)는 연변화이다. 그래서 남성변화와 중성변화는 앞에서 설명한 바와 같이 -ий(비활동체), -его(활동체); -ее로 된다. 여성변화는 어간의 끝이 연자음으로 끝나 있기 때문에 «зимн' + -ую → зимнюю»로 된다. 그리고 хоро́ший(5) 유형은 기본적으로 연자음 변화와 유사하지만 어간의 끝이 쉿소리(ж, ч, ш, щ)로 끝나는 경우 이 음 뒤에서는 я→а, ю→у로 되는 정자법 규칙이 작용한다. 그래서 -ий(비활동체), -его(활동체); -ую(-юю → -ую), -ее로 된다. 마지막으로 большо́й(6) 유형은 хоро́ший의 변화와 유사하지만 어미에 강세가 떨어지는 것으로 인하여 е → о만 차이가 나기 때문에 -ой(비활동체), -ого(활동체); -ую, -ое이다.

위의 분석에 따라 형용사 전체 유형의 대격 어미를 표로 나타내면 다음과 같다. 단수대격과 복수대격을 구분하여 따로 제시하였다.

형용사 단수대격 어미

유형	남성		여성	중성
	비활동체	활동체		
1번 유형	-ый	-ого	-ую	-ое
2번 유형	-ой	-ого	-ую	-ое
3번 유형	-ий	-ого	-ую	-ое
4번 유형	-ий	-его	-юю	-ее
5번 유형	-ий	-его	-ую	-ее
6번 유형	-ой	-ого	-ую	-ое

형용사 복수대격 어미

유형	남성과 여성		중성
	비활동체	활동체	
1, 2번 유형	-ые	-ых	-ые
3, 4, 5, 6번 유형	-ие	-их	-ие

☞ 2번 유형은 모두 어미에 강세가 떨어진다.

연습문제 5 다음 문장에서 괄호 안에 있는 형용사를 문맥에 맞게 변화시키시오.

1. Мы слушали (новый) альбом.
2. Он читает (русский) книгу.
3. Мы купили (большой) дыню для детей.
4. Сквозь (густой) туман ничего не было видно.
5. Мы смотрели на (голубой) небо.

5.2.5. 조격의 표현방법

경자음 기본형에서 형용사 남성 단수조격 어미는 -ым, 여성 단수조격 어미는 -ой, 중성 단수조격 어미는 -ым, 복수조격 어미는 -ыми이다.

형용사 경자음 기본형의 조격 어미

유형	단수			복수
	남성	여성	중성	모든 성
1번 유형	-ым	-ой	-ым	-ыми

нóвый(1) 유형의 남성 단수조격 어미, 여성 단수조격 어미, 중성 단수조격 어미, 복수조격 어미가 -ым, -ой, -ым, -ыми인 것을 알았다면 나머지 유형의 어미가 어떻게 되는지 살펴보자. молодóй(2)도 어미에 강세가 떨어지는 것만 제외하고 -ым, -ой, -ым, -ыми로 нóвый(1) 유형과 유사하다. лёгкий(3)는 ы → и로 인하여 -им, -ой, -им, -ими로 된다. 그리고 зúмний(4)는 연변화이기에 앞에서 규칙(ы → и, о → е)에 의하여 -им, -ей, -им, -ими로 된다. хорóший(5) 유형은 기본적으로 연자음 변화와 유사하기 때문에 -им, -ей, -им, -ими로 된다. 마지막으로 большóй(6) 유형은 хорóший의 변화와 유사하지만 어미에 강세가 떨어지는 것으로 인하여 е→о만 차이가 나기 때문에 -им, -ой, -им, -ими로 된다.

위의 분석에 따라 형용사 전체 유형의 조격어미를 표로 나타내면 다음과 같다.

형용사 조격어미

유형	단수			복수
	남성	여성	중성	모든 성
1, 2번 유형	-ым	-ой	-ым	-ыми
3번 유형	-им	-ой	-им	-ими
4, 5번 유형	-им	-ей	-им	-ими
6번 유형	-им	-ой	-им	-ими

☞ 2번 유형은 모두 어미에 강세가 떨어진다.

연습문제 6 다음 문장에서 괄호 안에 있는 형용사를 문맥에 맞게 변화시키시오.

1. Мы занимаемся (русский) языком.
2. Мы сидели под (большой) деревом.
3. Перед (соседний) домом растут цветы.
4. Мы любовались (прекрасный) видом.
5. Я приехал в Москву с (младший) братом.

5.2.6. 전치격의 표현방법

경자음 기본형에서 형용사 남성 단수 전치격 어미는 -ом, 여성 단수 전치격 어미는 -ой, 중성 단수 전치격 어미는 -ом, 복수 전치격 어미는 -ых이다.

형용사 경자음 기본형의 전치격 어미

유형	단수			복수
	남성	여성	중성	모든 성
1번 유형	-ом	-ой	-ом	-ых

но́вый(1) 유형의 남성 단수 전치격 어미, 여성 단수 전치격 어미, 중성 단수 전치격 어미, 복수 전치격 어미가 각각 -ом, -ой, -ом, -ых인 것을 알았다면 나머지 유형의 어

미가 어떻게 되는지 살펴보자. молодóй(2)도 어미에 강세가 떨어지는 것만 제외하고 -ом, -ой, -ом, -ых로 новый(1) 유형과 유사하다. лёгкий(3)도 ы → и로 인하여 -ом, -ой, -ом, -их로 된다. 그리고 зи́мний(4)는 연변화이기 때문에 규칙(о → е, ы → и)에 의하여 -ем, -ей, -ем, -их로 된다. хорóший(5) 유형은 기본적으로 연자음 변화와 유사하기 때문에 -ем, -ей, -ем, -их로 된다. 마지막으로 большóй(6) 유형은 хорóший의 변화와 유사하지만 어미에 강세가 떨어지는 것으로 인하여 е → о만 차이가 나기 때문에 -ом, -ой, -ом, -их로 된다.

위의 분석에 따라 형용사 전체 유형의 전치격 어미를 표로 나타내면 다음과 같다.

형용사 전치격 어미

유형	단수			복수
	남성	여성	중성	모든 성
1, 2번 유형	-ом	-ой	-ом	-ых
3번 유형	-ом	-ой	-ом	-их
4, 5번 유형	-ем	-ей	-ем	-их
6 번 유형	-ом	-ой	-ом	-их

☞ 2번 유형은 모두 어미에 강세가 떨어진다.

연습문제 7 다음 문장에서 괄호 안에 있는 형용사를 문맥에 맞게 변화시키시오.

1. Мы были на (следующий) доме.
2. Мы слушали рассказ о (смелый) лётчике.
3. Мы беседовали о (трудный) задаче.
4. Нужно чаще бывать на (свежий) воздухе.
5. На (следующйи) неделе мы будем читать новую книгу.

5.3. 성질 형용사와 관계 형용사

형용사는 의미에 따라 성질 형용사와 관계 형용사로 나누어진다.

성질 형용사는 크기, 색, 맛, 무게, 온도, 사람과 사물의 여러가지 성질 등을 나타낼 수 있다.

большóй дом '큰집'	мáленькая кни́га '조그만한 책'	широ́кая доро́га '넓은 길'
си́нее мо́ре '푸른 바다'	крáсная плóщадь '붉은 광장'	жёлтый лист '누른 잎'
слáдкое я́блоко '맛있는 사과'	гóрькое лекáрство '쓴 약'	солённая водá '짠 물'
тяжёлый чемодáн '무거운 가방'	лёгкая лóдка '가벼운 보트'	
холóдный вéтер '차가운 바람'	тёплая водá '따뜻한 물'	жáркое сóлнце '뜨거운 태양'
смéлый лётчик '용감한 비행사'	прилéжный человéк '부지런한 사람'	грýстная пéсня '우울한 노래'

관계 형용사는 대상의 자질을 표시하고 한 대상과 또 다른 대상에 대한 관계를 지시한다. 관계 형용사는 명사에서 만들어지는 경우가 대부분이다.

кáменный дом (дом из кáмня) '돌집'
деревя́нный сарáй (сарáй из дéрева) '나무로 만든 헛간'
Мáшина кни́га (кни́га Мáши) '마샤의 책'
отцóвская кни́га (кни́га отцá) '아버지의 책'
мéсячный óтпуск (óтпуск на мéсяц) '한달짜리 휴가'
óсенние ли́стья (ли́стья óсенью) '가을잎들'
городскóй трáнспорт (трáнспорт в гóроде) '도시교통'
студéнческое общежи́тие (общежи́тие для студéнтов) '학생 기숙사'

연습문제 8 다음 어결합의 형용사가 성질 형용사인지 관계 형용사인지 맞추시오.

(1) новая книга
(2) большой дом
(3) каменный дом
(4) месячный отпуск
(5) широкая дорога
(6) хорошая погода
(7) приморский город
(8) железная крыша
(9) холодная вода
(10) кожаная сумка

5.4. 장어미 형용사와 단어미 형용사

러시아어는 장어미 형용사와 단어미 형용사가 있다. 성질 형용사는 장어미 형용사도 될 수 있고 단어미 형용사도 될 수 있다. 그러나 관계 형용사는 장어미 형용사만 가능하다. 장어미 형용사는 문장에서 한정어뿐만 아니라 술어로도 사용될 수 있다.

Это **интере́сная** кни́га. '이것은 흥미로운 책이다.'

Эта кни́га — **интере́сная**. '이 책은 흥미롭다.'

그러나 단어미 형용사는 문장에서 술어로만 사용되고 격변화는 하지 않고 명사와 성과 수에서만 일치된다.

Расска́з **интере́сен**. '이야기는 재미있다.'

Кни́га **интере́сна**. '책은 재미있다.'

Письмо́ **интере́сно**. '보도는 재미있다.'

Расска́зы **интере́сны**. '이야기들은 재미있다.'

계사 быть는 현재시제에서 일반적으로 사용되지 않는다. 과거시제에서는 быть의 과거형 был, была, были가 사용된다.

Расскáз **был** интерéсен. '이야기는 재미있었다.'

Кни́га **былá** интерéсна. '책은 재미있었다.'

Письмó **бы́ло** интерéсно. '보도는 재미있었다.'

Расскáзы **бы́ли** интерéсны. '이야기들은 재미있었다.'

미래시제에서는 бýдет, бýдут가 사용된다.

Расскáз **бýдет** интерéсен. '이야기는 재미있을 것이다.'

Кни́га **бýдет** интерéсна. '책은 재미있을 것이다.'

Письмó **бýдет** интерéсно. '보도는 재미있을 것이다.'

Расскáзы **бýдут** интерéсны. '이야기들은 재미있을 것이다.'

형용사 단어미 남성형 어간에서 출몰모음 e, o, ё 등이 나타나는 경우가 있다.

больнóй '아픈' — бóлен

нýжный '필요한' — нýжен

ýмный '현명한' — умён

ки́слый '맛이 신' — ки́сел

хи́трый '교활한' — хитёр

бли́зкий '가까운' — бли́зок

крéпкий '단단한' — крéпок

ýзкий '좁은' — ýзок

полéзный '유익한' — полéзен

трýдный '어려운' — трýден

бéдный '가난한' — бéден

свéтлый '밝은' — свéтел

óстрый '예리한' — остёр

ни́зкий '낮은' — ни́зок

лёгкий '가벼운' — лёгок

слáдкий '맛이 단' — слáдок

5.5. 형용사 비교급과 최상급

5.5.1. 비교급

비교급은 성질 형용사에서만 만들어지고 관계 형용사에서는 만들어지지 않는다. 비교급은 단일식 비교급과 합성식 비교급이 있다.

5.5.1.1. 단일식 비교급

단일식 비교급은 형용사 어간에 접미사 -e 또는 -ee를 첨가하여 만들어진다.

си́льный '강한' — сильне́е
сла́бый '약한' — слабе́е
све́тлый '밝은' — светле́е
интере́сный '흥미로운' — интере́снее
поле́зный '유익한' — поле́знее
краси́вый '아름다운' — краси́вее
внима́тельный '주의 깊은' — внима́тельнее

☞ 비교급의 강세는 접미사 -ee의 첫 번째 e에 떨어진다. 그러나 3음절 이상의 형용사에서는 어간에 떨어진다.

몇몇 형용사 비교급에서는 접미사 -e로 인하여 자음교체가 발생하는 경우가 있다.

дорого́й '귀중한' — доро́же
гро́мкий '큰 소리의' — гро́мче
чи́стый '깨끗한' — чи́ще
бли́зкий '가까운' — бли́же
у́зкий '좁은' — у́же
молодо́й '젊은' — моло́же
ти́хий '조용한' — ти́ше
ни́зкий '낮은' — ни́же
высо́кий '높은' — вы́ше
большо́й '큰' — бо́льше

5.5.1.2. 합성식 비교급

합성식 비교급은 단일식과 같이 비교급 접미사를 통하여 만들어지지 않고 более 또는 менее를 가지고 만들어진다. 이들은 형용사 장어미형에 부가하면 된다. 합성식 비교급에서는 более, менее는 변화되지 않고 장어미 형용사만 성, 수, 격 변화를 한다.

бо́лее ма́ссовый челове́к '보다 대중적인 사람'
бо́лее краси́вая де́вушка '보다 아름다운 아가씨'

бо́лее краси́вое окно́ '보다 아름다운 창'

бо́лее краси́вые карти́ны '보다 아름다운 그림들'

ме́нее ма́ссовый челове́к '덜 대중적인 사람'

ме́нее краси́вая де́вушка '덜 아름다운 아가씨'

ме́нее краси́вое окно́ '덜 아름다운 창'

ме́нее краси́вые карти́ны '덜 아름다운 그림들'

Я ви́дел **бо́лее** краси́вый го́род. '아는 보다 아름다운 도시를 보았다.'

5.5.1.3. 비교급 구문

러시아어에서는 다음의 방법으로 비교구문을 사용한다.

비교급, чем 주격 또는 비교급 + 명사 생격

Брат **вы́ше, чем сестра́**. '형제는 누이보다 키가 더 크다.'

Брат **вы́ше сестры́.** '형제는 누이보다 키가 더 크다.'

Сестра **бо́лее приле́жна, чем брат**. '누이는 형제보다 더 부지런하다.'

☞ 합성식 비교급에서는 'чем 주격'만 사용된다.

5.5.2. 최상급

최상급도 단일식 최상급과 합성식 최상급이 있다.

5.5.2.1. 단일식 최상급

단일식 최상급은 최상급 접미사 **-айш-** 또는 **-ейш-**를 통하여 만들어진다. 접미사 **-айш-**는 형용사 어간의 끝이 **г, к, х**로 끝나는 경우에 만들어진다. 이 경우에 **г-ж, к-ч, х-ш**의 자음교체가 일어난다. 그리고 나머지 경우에는 접미사 **-ейш-**에 의하여 만들어진다.

стро́гий '엄한' — строж**а́йш**ий

высо́кий '높은' — высоч**а́йш**ий

ти́хий '조용한' — тиш**а́йш**ий

краси́вый '아름다운'— краси́в**ейш**ий

но́вый '새로운'— нов**е́йш**ий

ста́рый '오래된'— стар**е́йш**ий

몇몇 형용사에서부터는 최상급이 접미사 ш에 의하여 만들어진다.

хоро́ший '좋은' — лу́чший

плохо́й '나쁜' — ху́дший

высо́кий '높은' — вы́сший

ни́зкий '낮은' — ни́зший

ма́ленький '적은' — ме́ньший

5.5.2.2. 합성식 최상급

합성식 최상급은 모든 형용사에 대명사 са́мый를 부가하여 만들어진다. са́мый는 성, 수, 격 변화를 한다. 합성식 최상급은 단일식 최상급 보다 더 자주 사용된다. 간혹 대명사 са́мый 대신에 наибо́лее를 사용하기도 한다.

са́мый интере́сный расска́з '매우 재미있는 이야기'

са́мая интере́сная но́вость '매우 재미있는 소식'

са́мое но́вое зда́ние '매우 새 건물'

са́мые интере́сные расска́зы '매우 재미있는 이야기들'

5.5.2.3. 최상급 구문

단일식 최상급과 합성식 최상급 형태 모두 성, 수, 격 변화를 한다.

Пу́шкин — **велича́йший** ру́сский поэ́т. '뿌쉬낀은 가장 위대한 러시아 시인이다.'

Пря́мая — **кратча́йшее** расстоя́ние ме́жду двумя́ то́чками. '직선은 두 점 사이의 최단거리이다.'

Она́ **са́мая краси́вая** де́вушка в дере́вне. '그녀는 마을에서 가장 아름다운 아가씨다.'

Он игра́ет в **са́мой си́льной** кома́мде. '그는 가장 강한 팀에서 경기한다.'

연습문제 9 다음 러시아어 문장을 한국어로 번역하시오.

(1) Это трудная книга.

(2) Книга была трудна.

(3) Сегодня погода лучше, чем вчера.

(4) Эта книга интереснее, чем та.

(5) Пушкин — величайший русский поэт.

(6) Енисей — самая многоводная река России.

Word Study 5. 요일

понеде́льник '월요일' вто́рник '화요일' среда́ '수요일'
четве́рг '목요일' пя́тница '금요일' суббо́та '토요일'
воскресе́нье '일요일'

☞ 러시아어 요일의 명칭은 영어와 근본적인 차이가 있다. 영어의 요일의 명칭은 태양의 날(Sunday), 달의 날(Monday) 등 행성의 명칭에 그 기원을 가지고 있다. 그러나 러시아어 명칭에서 понедельник은 어원적으로 «по + недели + ник»에서 온 것으로, 여기에서 사용된 неделя의 의미는 현대 러시아어에서는 '한 주간'이라는 뜻이지만, 이 단어의 최초의 의미는 «не + делать»에서 온 것으로 '일 안하고 쉬는 날'이라는 뜻이었다. 그래서 понедельник의 의미는 '일 안하고 쉬는 날 다음 날'이라는 뜻이다. вторник은 «второй + ник»에서 온 것으로 '둘째 날'이라는 뜻이다. среда는 러시아어 середина '중앙, 한 가운데'와 동일한 어근으로 일주일의 중간이라는 뜻이다. 즉 러시아인은 '수요일'을 일주일의 중간이라고 생각한다. четверг는 «четвёртый + гъ»에서 온 것으로 '네 번째 날'이라는 뜻이다. пятница는 «пятый + ница»에서 온 것으로 '다섯 번째 날'이라는 뜻이다. суббота는 안식일을 뜻하는 шабаш와 동일한 어근으로 '안식일'을 의미한다. 그리고 воскресенье는 «воскресить + ение»에서 온 것으로 '부활한 날'이라는 뜻이고 러시아어 부활을 의미하는 단어 воскресение와 발음이 거의 같다.

제6장

대명사(местоимение)

러시아어 대명사는 의미에 따라 인칭 대명사, 재귀 대명사, 소유 대명사, 지시 대명사, 한정 대명사, 의문 대명사, 관계 대명사, 부정 대명사 그리고 불확정 대명사로 나누어진다.

6.1. 인칭 대명사

러시아어의 인칭 대명사는 1인칭, 2인칭, 3인칭 형태가 있고 단수, 복수로 구분된다.

인칭	단수		복수	
1인칭	я	나는	мы	우리들은
2인칭	ты	너는	вы	당신(들)은
3인칭	он	그는	они́	그들은 그것들은
	она́	그녀는		
	оно́	그것은		

첫째, 대명사 вы는 복수뿐만 아니라 한 사람에 대한 존칭으로도 쓰이고 이 경우에 대문자 Вы를 사용한다.

둘째, 삼인칭 대명사 он, она́, оно́, они́는 전치사 다음에 н을 추가한다.

Я пришёл к нему́, что́бы помо́чь ему́. '나는 그를 도와주기 위하여 그에게 왔다.'

☞ 운동동사 пришёл이 사람에게 다가가면 전치사 к가 필요하고, 전치사 к 뒤에 인칭 대명사 он의 여격 ему 앞에 н이 추가되었다. 그러나 동사 помочь는 전치사 없이 사용한다.

☞ 전치사라 하더라도 вне '밖에', благодаря '덕분에', вследствие '때문에', вопреки '~임에도 불구하고', согласно '~에 따라서', навстречу '을 마주 향하여' 다음에는 н이 첨가되지 않는다.

☞ 인칭 대명사 격변화는 부록을 참고하시오.

6.2. 재귀 대명사

1. 재귀 대명사 себя́는 성과 수 변화를 하지 않고 주격이 없다.

Он ви́дит **себя́** в зе́ркале. '그는 거울을 보고 있다.'
Она́ ви́дит **себя́** в зе́ркале. '그녀는 거울을 보고 있다.'
Они́ ви́дят **себя́** в зе́ркале. '그들은 거울을 보고 있다.'

2. 재귀 대명사 себя́는 대명사 тебя́와 동일한 격변화를 한다.

☞ 재귀 대명사 себя́의 격변화는 부록을 참고하시오.

3. 재귀 대명사 себя́는 1, 2, 3인칭 대명사와 관계되고 항상 문장의 주어가 행위자일 때만 사용할 수 있다. 그리고 재귀 대명사 себя́는 문장성분에서 볼 때 보어이고 주어는 될 수 없다.

Я ви́жу **себя́** в зе́ркале. '나는 거울을 본다.'
Ты ви́дишь **себя́** в зе́ркале. '너는 거울을 본다.'
Он ви́дит **себя́** в зе́ркале. '그는 거울을 본다.'

6.3. 소유 대명사

러시아어에서 소유 대명사는 мой '나의', твой '너의', его́ '그의', её '그녀의', наш '우리의', ваш '당신의', их '그들의', свой '자신의' 등이 있다.

6.3.1. 1인칭과 2인칭 소유 대명사

1인칭과 2인칭 소유 대명사는 남성, 여성, 중성 그리고 복수형태가 있다.

성, 수	мой	наш
남성	Это **мой** друг. '이 사람은 나의 친구다.'	Это **наш** друг. '이 사람은 우리의 친구다.'
여성	Это **моя́** подру́га. '이 사람은 나의 여자친구다.'	Это **наш** подру́га. '이 사람은 우리의 여자 친구다.'
중성	Это **моё** де́ло. '이것은 우리의 일이다.'	Это **на́ше** де́ло. '이것은 우리의 일이다.'
복수	Это **мои́** друзья́. '이 사람은 나의 친구들이다.'	Это **на́ши** друзья́. '이 사람은 우리의 친구들이다.'

☞ твой의 남성, 여성, 중성, 복수어미는 мой와 동일하고, ваш의 남성, 여성, 중성, 복수어미는 наш와 동일하다.

☞ 1인칭과 2인칭 소유 대명사의 격변화는 부록을 참고하시오.

6.3.2. 3인칭 소유 대명사

3인칭 소유 대명사 его́, её, их는 형태상으로는 3인칭 인칭 대명사 생격과 모양이 같다. 그러나 3인칭 소유 대명사 его́, её, их는 인칭 대명사와 달리 격 변화를 하지 않는다. 그리고 소유 대명사 его́, её, их 전치사 다음에 н을 첨가하지 않는다.

Это **его́** друг. '이 사람은 그의 친구다.'

Это **её** подру́га. '이 사람은 그의 여자 친구다.'

Это **их** друзья́. '이 사람은 그들의 친구들이다.'

Я был у **его́** дру́га. '나는 그의 친구의 집에 있었다.'

6.3.3. 소유 대명사 свой

만약 문장의 주어가 행위자라면 소유 대명사 **свой**는 1, 2, 3인칭 행위자의 소유를 나타낸다.

Я зна́ю **своё** де́ло. '나는 자신의 일을 안다.'

Ты зна́ешь **свою́** рабо́ту. '너는 자신의 일을 안다.'

Он зна́ет о **своём** де́ле. '그는 자신의 일에 관하여 안다.'

Мы зна́ем о **свое́й** рабо́те. '우리는 자신의 일에 관하여 안다.'

☞ 소유 대명사 **свой**는 소유 대명사 **мой**와 동일한 격변화를 한다.

문장에서 주어가 1인칭과 2인칭 대명사로 표현되어 있으면 소유 대명사 **свой**는 관련되는 1인칭과 2인칭 소유 대명사로 바꿀 수 있지만, 3인칭 대명사로 되어 있으면 3인칭 소유 대명사로 바꾸는 것은 불가능하다. 이 경우에 문장의 의미가 달라진다.

Я зна́ю **своё** де́ло. '나는 자신의 일을 안다.'

→ Я зна́ю **моё** де́ло. '나는 자신의 일을 안다.'

Он зна́ет **своё** де́ло. '그는 자신의 일을 안다.'

Он зна́ет **его́** де́ло. '그는 그의 일을 안다.'

☞ 두 번째 문장의 경우에 소유 대명사 **его**는 주어의 소유가 아닐 수 있다.

6.4. 지시 대명사

지시 대명사는 대명사 э́тот, тот, тако́й, тако́в, сто́лько 등에 의하여 이루어진다.

6.4.1. 지시 대명사 этот

문장에서 주어의 역할을 지시 대명사 э́то만 사용하고 이 경우에 대명사 э́то는 사람이나 사물을 나타낼 수 있고, 성과 수 변화를 하지 않는다. 그리고 지시 대명사 э́тот, э́та, э́то, э́ти 등은 문장에서 한정어의 역할을 하고 피한정어와 성, 수, 격에서 일치한다.

☞ 지시 대명사 этот의 격변화는 부록을 참고하시오.

Это **моя́** страна́. '이것은 나의 나라다.'

Это **мой** дом. '이것은 나의 집이다.'

Это **моё** де́ло. '이것은 나의 일이다.'

Это **мои́** де́ти. '이들은 나의 아이들이다.'

Этот дом — дворе́ц культу́ры. '이 집은 문화회관이다.'

Эта де́вушка — сестра́ мое́й подру́ги. '이 아가씨는 내 여자 친구의 누이다.'

Эти кни́ги — мои́ уче́бники. '이 책들은 나의 교과서들이다.'

6.4.2. 지시 대명사 тот

지시 대명사 тот은 일반적으로 문장에서 한정어의 역할을 하고 피한정어와 성, 수, 격에서 일치한다. 그러나 종속복문에서 주어, 술어, 보어의 역할을 할 수도 있다.

☞ 지시 대명사 тот의 격변화는 부록을 참고하시오.

Этот дом высо́кий, а **тот** дом ещё вы́ше. '이 집은 높지만 저 집은 더 높다.'

Эта кни́га мне не ну́жна, а **та** кни́га ну́жна. '이 책은 나에게 필요하지 않고 저 책은 필요하다.'

Шко́ла нахо́дится за **тем** зда́нием. '학교는 저 건물 너머에 있다.'

Кто не рабо́тает, **тот** не ест. '일하지 않는 자는 먹지 않는다.' (주어)

Студе́нт — **тот,** кто чита́ет кни́гу. '학생은 책은 읽고 있는 자이다.' (술어)

Я зна́ю **то,** что ты проси́шь. '나는 네가 요청하는 것을 안다.' (보어)

6.4.3. 지시 대명사 тако́й

지시 대명사 тако́й, така́я, тако́е, таки́е 등은 문장에서 한정어의 역할을 하거나 술어의 일부분이 되고 피한정어와 성, 수, 격에서 일치한다.

Мне ну́жна **така́я** кни́га. '나는 그런 책이 필요하다.'

Здесь нет **тако́й** кни́ги. '여기에 그런 책이 없다.'

Тума́н был **тако́й,** что ничего́ круго́м не бы́ло ви́дно. '안개는 주위에 아무 것도 보이지 않는 그런 정도였다.'

☞ такой는 합성식 술어 «был такой»의 일부분으로 사용되어 있다.

6.4.4. 지시 대명사 сто́лько

지시 대명사 сто́лько '그 만큼, 그것 만큼'는 대상의 양을 가리키고 수량수사를 대신하고, 주격과 대격에서 명사 생격을 요구한다. 그리고 지시 대명사 сто́лько는 복수 형용사처럼 격변화된다.

☞ 지시 대명사 столько의 격변화는 부록을 참고하시오.

Принеси́ 8 таре́лок и **сто́лько** же стака́нов. '8개의 접시와 그 만큼의 잔을 가져오세요.'

Пришло́ 10 люде́й и ну́жна ко́мната, где живёт **сто́лько** люде́й. '10명이 와서 그 만큼의 사람들이 지낼 수 있는 방이 필요하다.'

6.5. 한정 대명사

한정 대명사는 대명사 сам, сáмый, весь, кáждый, любóй, всякий 등에 의하여 이루어진다.

6.5.1. 한정 대명사 сам, сáмый

한정 대명사 сам은 '다른 사람의 힘을 빌리지 않고 스스로 하는 행동', '사람이나 사물의 중요성을 강조하는 경우'에 사용되고, 그리고 재귀 대명사 себя와 함께 사용되고, 그리고 한정 대명사 сáмый는 지시 대명사 этот, тот과 함께 '바로 그, 바로 그 자체의' 의 의미로 사용되고, 시간과 장소를 표시하는 명사와 함께 사용하여 동작의 시간적·공간적 극한을 표시하는 경우에 사용되고, 그리고 형용사와 함께 사용하여 최상급 형용사를 만드는 데 사용된다. 그리고 한정 대명사 сам, сáмый는 격변화를 한다.

☞ 형용사 сам, самый의 격변화는 부록을 참고하시오.

Остáвьте меня, я **сам** всё сдéлаю. '나를 내버려두시오. 내 스스로 이 모든 것을 다 할 것이오.'

Сам дирéктор приказáл. '바로 지배인 자신이 명령했다.'

Ты плóхо знáешь **сáмого** себя. '그는 자기 자신을 잘 모른다.'

Это та **сáмая** кни́га, котóрая я проси́л. '이것이 내가 요청했던 바로 그 책이다.'

Это тот **сáмый** человéк, котóрого я хотéл видеть. '이것은 내가 만나기 원했던 바로 그 사람이다.'

Дождь шёл с **сáмого** ýтра. '비가 바로 아침부터 내렸다.'

Такси́ останови́лось у **сáмого** тротуáра. '택시가 바로 그 인도 가까이에 멈추었다.'

6.5.2. 한정 대명사 весь

한정 대명사 весь는 명사와 함께 사용되는 경우에는 문장에서 한정어의 역할을 하고 피한정어와 성, 수, 격에서 일치하고, 단독으로 사용되는 경우에는 중성과 복수로만 사용되고 문장에서 주어나 보어의 역할을 한다.

☞ 한정 대명사 весь의 격변화는 부록을 참고하시오.

Я прочита́л **всю** кни́гу. '나는 책을 처음부터 끝까지 다 읽었다.'

Я рабо́тал **весь** день. '나는 하루 종일 일했다.'

Этот компози́тор изве́стен во **всём** ми́ре. '이 작곡가는 전 세계에 알려져 있다.'

Он зна́ет **всё**. '그는 모든 것을 알고 있다.'

Всё его́ интересу́ет. '모든 것이 그를 흥미롭게 한다.'

Я сде́лаю **всё**, что ты проси́л. '나는 네가 요청했던 모든 것을 할 것이다.'

6.5.3. 한정 대명사 ка́ждый, любо́й, вся́кий

한정 대명사 **ка́ждый, любо́й, вся́кий**는 서로 유사한 의미로 사용되지만, **ка́ждый**는 각각의 개별성, **любо́й**는 임의의 구체적인 한 개를 더 선호하는 것 그리고 **вся́кий**는 포괄성과 다양성을 강조한다.

Вся́кий челове́к мо́жет сде́лать э́то. '모든 사람이 이것을 할 수 있다.'

☞ 이 문장의 경우에는 каждый와 любой도 사용될 수 있다.

Мы обсужда́ли **ка́ждую** статью́ догово́ра. '우리는 조약의 모든 조항을 빠짐없이 논의했다.'

☞ 이 문장의 경우에는 조약의 모든 조항을 하나도 빠짐없이 각각 다 논의했다는 개별성이 강조되어 있다.

Бери́те **любу́ю** вещь, кото́рая тебе́ нра́вится. '네가 마음에 드는 물건을 어떤 것이든 가져가시오.'

Там бы́ли **вся́кие** лю́ди. '그곳에는 온갖 종류의 다양한 사람들이 있었다.'

6.6. 의문 대명사

러시아어에서 의문 대명사는 **кто, что, какóй, чей, котóрый, скóлько** 등이 있다.

Кто идёт в шкóлу? '누가 학교로 가느냐?'

Что виднéется вдалѝ? '멀리서 무엇이 보이느냐?'

Кто пришёл? '누가 왔느냐?'

Что случѝлось? '무슨 일이 일어났느냐?'

☞ **кто, что**는 단수로 사용되고, 성과 관련하여 **кто**와 함께 사용하는 단어는 남성으로 되고, **что**와 함께 사용하는 단어는 중성으로 된다.

☞ **кто, что**의 격변화는 부록을 참고하시오.

Какóй он человéк? '그는 어떤 사람이냐?'

Какáя зáвтра бýдет погóда? '내일 날씨가 어떠냐?'

☞ 의문 대명사 **какой**는 성질을 묻는 의문 대명사이다. **какой**는 명사와 성, 수, 격에서 일치하고 형용사처럼 격변화를 한다. **какой**의 격변화는 부록을 참고하시오.

Котóрый час? '몇 시냐?'

Котóрое сегóдня числó? '오늘 몇 일이냐?'

☞ 의문 대명사 **который**도 사물의 순서를 묻는 의문 대명사이고, 명사와 성, 수, 격에서 일치하고 형용사처럼 격변화를 한다. 격변화는 부록을 참고하시오.

Чей э́то зóнтик? '이것은 누구의 우산이냐?'

Чья э́то кнѝга? '이것은 누구의 책이냐?'

Чей э́то ребёнок? '이 아이는 누구의 아이냐?'

☞ 의문 대명사 **чей**는 소유를 묻는 의문 대명사이다. **чей**도 성, 수, 격에서 일치하고 격변화를 한다. 격변화는 부록을 참고하시오.

Скóлько вам лет? '당신의 나이가 얼마나 됩니까?'

Ско́лько киломе́тров до го́рода? '도시까지 몇 킬로미터죠?'

Ско́лько вре́мени вы здесь рабо́таете? '당신은 이곳에서 얼마동안 일하고 있지요?'

☞ 의문 대명사 сколько는 수량을 묻는 의문 대명사이고, 복수 형용사처럼 격변화하고, 주격에서 명사 생격을 요구한다. 의문 대명사 сколько의 격변화는 부록을 참고하시오.

6.7. 부정 대명사

부정 대명사는 никто́, ничто́, никако́й, ниче́й; не́кого, не́чего 등이 있다.

6.7.1. 부정 대명사 никто́, ничто́, никако́й, ниче́й

부정 대명사 никто́, ничто́, никако́й, ниче́й는 대명사 кто, что, како́й, чей에 부정 소사 ни를 부가하여 만들어진다. 이들은 문장에서 주어와 보어의 역할을 하고, 의문 대명사처럼 격변화를 한다.

Никто́ не ви́дел его́. '어느 누구도 그를 보지 못했다.'

Я **никого́** не ви́дел там. '나는 그곳에서 어느 누구도 보지 못했다.'

Ничто́ не интересу́ет его́. '어느 무엇도 그를 흥미롭게 하지 않는다.'

Нет **никако́й** наде́жды. '어떤 희망도 없다.'

Я не нужда́юсь **ни в чьей** по́мощи. '나는 어떤 도움도 필요로 하지 않는다.'

☞ 부정 대명사 никто, ничто, никакой, ничей는 항상 не, нет이 온다. 전치사와 함께 사용되면 전치사는 ни와 대명사 사이에 놓인다.

6.7.2. 부정 대명사 не́кого와 не́чего

부정 대명사 не́кого와 не́чего는 의문 대명사에서 부정을 나타내는 소사 не를 부가하여 만들어진다. 이들은 행위대상이나 행위자의 부재로 인하여 행위 실현 불가능성을 나타내는 무인칭 문장에서 사용된다.

Не́кого посла́ть за биле́тами. '표를 구하러 보낼 사람이 없다.'

Ему́ **не́чего** чита́ть. '그는 읽을 것이 없다.'

Ей **не с кем** поговори́ть. '그녀는 대화를 나눌 사람이 없다.'

Нам **не о чём** говори́ть с ва́ми. '우리는 당신과 말할 것이 아무 것도 없다.'

☞ 위의 문장들은 무인칭 문장이기 때문에 의미상의 주어는 여격으로 되고, 술어는 동사원형으로 된다. 이들이 전치사와 함께 사용되면 전치사는 не와 대명사 사이에 놓인다.

6.8. 불확정 대명사

불확정 대명사는 소사 -то, -либо, -нибудь를 가진 불확정 대명사, 소사 кое-를 가진 불확정 대명사, 그리고 не́кто, не́что, не́кий, не́который, не́сколько 등이 있다.

6.8.1. 소사 -то, -либо, -нибудь를 가진 불확정 대명사

소사 -то를 가진 불확정 대명사는 문장에서 화자에게는 불확실하지만 다른 사람에게는 확실한 사람이나 사물에 관하여 언급할 때 사용된다.

Кто́-то стучи́т в дверь. '누군가가 문을 두드린다.'

☞ 누군가가 문을 두드리고 있지만 화자는 이 사람이 누구인지 불확실하다는 말이다.

Что́-то черне́ет вдали́. '무언가가 멀리서 거무스름하게 보인다.'

☞ 무언가 멀리서 거무스름한 것이 있지만 화자는 이것이 무엇인지 불확실하다는 말이다.

소사 -нибудь(또는 -либо)를 가진 불확정 대명사는 화자에게나 다른 사람에게나 불확실한 사람이나 사물에 관하여 언급할 때 사용된다.

Позови́ **кого́-нибудь**. '아무나 불러주게.'

☞ 누구든 상관없다는 뜻임.

Спросите об этом **ко́го-нибудь** из студе́нтов. '대학생들 중에 아무에게나 이것에 관하여 물어보세요.'

☞ 누구든 상관없다는 뜻임.

Покажи́те **что́-нибудь** из свое́й колле́кции. '수집품 중에 아무 것이나 보여주세요.'

☞ 무엇이든 상관없다는 뜻임.

6.8.2. 소사 кое-를 가진 불확정 대명사

소사 кое-를 가진 불확정 대명사는 화자는 알고 있지만 대화자는 불확실한 경우에 사용된다.

Я зна́ю **кое-кого́** из них. '나는 그 사람들 중에 누군가를 안다.'

Я хочу́ рассказа́ть тебе́ **кое о чём**. '나는 너에게 무언가에 대하여 말해주고 싶다.'

Мне ещё на́до **кое-куда́** сходи́ть. '나는 또 어딘가에 다녀와야 한다.'

6.8.3. 불확정 대명사 не́кто, не́что, не́кий, не́который, не́сколько

위에서 예를 든 불확정 대명사 외에 다음의 불확정 대명사가 있다.

Случи́лось **не́что** удиви́тельное. '무언가 놀라운 일이 일어났다.'

Не́что подо́бное произошло́ и в на́шем го́роде. '무언가 유사한 것이 우리 도시에서도 발생했다.'

☞ нечто는 중성이고 항상 한정어와 함께 사용된다. 이 경우에 нечто는 что-то의 의미와 유사하다.

Пришёл **не́кто** Ивано́в. '이바노프라고 하는 사람이 왔습니다.'

Пришла́ **не́кто** Ивано́ва. '이바노바라고 하는 사람이 왔습니다.'

☞ некто는 남성과 여성과 함께 주격으로만 사용된다.

Приéхал **нéкий** учи́тель. '어떤 선생님 한 분이 왔다.'

Приéхала **нéкая** учи́тельница. '어떤 여선생님 한 분이 왔다.'

☞ 대명사 некий는 성, 수, 격변화를 하고 문장에서 한정어로 사용된다.

Нéкоторые студéнты не éздили на экскýрсию. '몇몇 대학생들이 소풍을 가지 않았다.'

Есть **нéкоторая** надéжда на успéх. '성공에 대한 몇몇 희망이 있다.'

☞ 대명사 некоторый는 소사 кое-를 가진 불확정 대명사(кое-какой, кое-что, кое-кто)와 의미가 유사하다.

Вошлó **нéсколько людéй** в кóмнату. '몇몇 사람들이 방 안으로 들어갔다.'

Я поговори́л с **нéскольскими рабóтниками**. '나는 몇몇 근로자들과 대화를 나누었다.'

☞ 대명사 несколько는 대상의 불확정적인 양을 가리키고, 복수 형용사처럼 격변화한다.

Word Study 6. 날씨

이번에는 날씨와 관련된 어휘와 표현을 익히자. 평소에도 날씨와 관련된 러시아어 표현을 일상생활 속에서 자연스럽게 사용해보자. 날씨가 추울 때는 춥다고 하지 말고 '홀라드나'로 해 보라. 교실에서 배우는 러시아어와 느낌이 다를 것이다. 내 입으로 사용하지 않는 언어는 내 것이 아니라는 생각을 늘 하면서 생활 속의 러시아어를 하다보면 러시아어가 자연스럽게 다가오게 될 것이다.

пого́да	날씨	**гра́дус**	온도	**кли́мат**	기후
весна́	봄	**ле́то**	여름	**о́сень**	가을
зима́	겨울	**снег**	눈	**ве́тер**	바람
дождь	비	**со́лнце**	태양	**о́блако**	구름
тума́н	안개	**мо́лния**	번개	**бу́ря**	폭풍우
тепло́	따뜻하다	**жа́рко**	덥다	**прохла́дно**	시원하다
хо́лодно	춥다	**о́блачно**	구름이 끼어 있다		

Идёт дождь. '비가 온다.'

Идёт снег. '눈이 온다.'

Ду́ет ве́тер. '바람이 분다.'

Све́тит со́лнце. '태양이 비친다.'

제7장

수사(имя числительное)

수사는 의미에 따라 수량수사, 집합수사 그리고 순서수사로 나누어진다.

7.1. 수량수사(количественные числительные)

수량수사는 성분과 구성에 따라 단일수사, 합성수사 그리고 복합수사 등으로 구분된다.

단일수사는 하나의 어근으로 이루어진 수사이다:

оди́н '하나'	два '둘'	три '셋'	четы́ре '넷'
пять '다섯'	шесть '여섯'	семь '일곱'	во́семь '여덟'
де́вять '아홉'	де́сять '열'	со́рок '마흔'	сто '백'
ты́сяча '천'	миллио́н '백만'	миллиа́рд '십억' 등	

합성수사는 하나 이상의 어근이 합성하여 한 단어를 구성하고 있다:

оди́ннадцать '열 하나'	двена́дцать '열 둘'	трина́дцать '열 셋'
четы́рнадцать '열 넷'	пятна́дцать '열 다섯'	шестна́дцать '열 여섯'
семна́дцать '열 일곱'	восемна́дцать '열 여덟'	девятна́дцать '열 아홉'
два́дцать '스물'	три́дцать '서른'	пятьдеся́т '쉰'
шестьдеся́т '예순'	семьдеся́т '일흔'	восемьдеся́т '여든'
девяно́сто '아흔'	две́сти '이백'	три́ста '삼백'
четы́реста '사백'	пятьсо́т '오백'	шестьсо́т '육백'
девятьсо́т '구백' 등		

복합수사는 둘 또는 그 이상의 단일수사와 합성수사로 구성된다:

двáдцать оди́н '스물 하나'

сто двáдцать '백 스물'

три́ста пятнáдцать '삼백 열다섯'

четы́реста восемьдеся́т шесть '사백 여든 여섯'

ты́сяча девятьсóт сóрок шесть '천 구백 마흔 여섯' 등

7.1.1. 수량수사의 정서법

수사 15, 16, 17, 18, 19에서 연음기호는 단어의 끝에서만 사용된다:

пятнáдцать, шестнáдцать, семнáдцать, восемнáдцать, девятнáдцать

☞ 러시아어 수량 수사 одиннадцать '열 하나'부터 девятнадцать '열 아홉'까지는 '십에 하나', '십에 둘' 등의 형식으로 되어 있고, 음절 на가 경자음이기 때문에 четырнадцать '열 넷'부터 девятнадцать '열 아홉'에 있는 수사 четыре, пять, шесть, семь, восемь, девять의 끝이 경자음으로 되어 있다: четыре → четыр, пять → пят, шесть → шест, семь → сем, восемь → восем, девять → девят.

수사 50, 60, 70, 80 그리고 수사 500, 600, 700, 800, 900에서 연음기호는 단어의 중간에 합성수사의 부분과 부분 사이에 사용된다:

пятьдеся́т, шестьдеся́т, семьдеся́т, восемьдеся́т, пятьсóт, шестьсóт, семьсóт, восемьсóт, девятьсóт

☞ пятьдесят부터 весемьдесят까지, 그리고 пятьсот부터 девятьсот까지는 합성수사의 앞 부분에 있는 수사가 그 뒷 부분을 지배하고 있는 구조로 되어 있다. 예를 들어, пятьдесят에서 пять 뒤에 있는 десят는 десять의 고대 러시아어 복수 생격형이다. 그리고 пятьсот에서 пять 뒤에 있는 сот는 сто의 복수 생격형이다.

연습문제 1 다음 아라비아 숫자를 러시아어 문자로 쓰시오.

1, 2, 3, 4, 5, 6, 7, 8, 9, 10, 11, 12, 13, 14, 15, 16, 17, 18, 19, 20, 30, 31, 40, 42, 43, 50, 54, 55, 60, 66, 67, 70, 78, 79, 80, 90, 100

7.1.2. 명사와 수량수사의 결합

수량수사는 수사 1, 2를 제외하고 성에 따른 변화를 하지 않는다.
수사 1은 남성형(один), 여성형(одна), 중성형(одно) 그리고 복수형(одни)을 가진다:

оди́н дом '한 채의 집'

одна́ кни́га '한 권의 책'

одно́ письмо́ '한 통의 편지'

одни́ часы́ '한 개의 시계'

복합수사의 끝에 **оди́н**을 가지고 있는 경우에 마지막 **оди́н**만 변화된다:

два́дцать оди́н дом '스물 한 채의 집'

два́дцать одна́ кни́га '스물 한 권의 책'

два́дцать одно́ письмо́ '스물 한 통의 편지'

수량수사 2는 남성형과 중성형 **два**와 여성형 **две** 두 가지 형태가 있다:

☞ 남성형과 중성형이 **два**이고, 여성형이 **две**이다. 일반적으로 명사 어미가 -a로 끝나면 여성형이다. 그런데 여기서는 남성형이라니 좀 이상하지 않는가? 바로 이 **два**는 고대 러시아어 초기까지 있었던 쌍수범주에서 온 것이다. 여기에서 **два**는 남성 쌍수 주격형이고, **две**는 여성 쌍수 주격형이다. 바로 이와 유사한 형태를 하고 있는 것이 **оба, обе**이다.

два до́ма '두 채의 집'

два письмá '두 통의 편지'

две кни́ги '두 권의 책'

나머지 수량수사는 성 변화를 하지 않고 세 가지 성 모든 명사와 동일한 형태로 사용된다:

три дóма '세 채의 집'

три кни́ги '세 권의 책'

три письмá '세 통의 편지'

러시아어는 수사가 격을 지배한다.

끝이 1로 끝나는 수사(1, 21, 31, 41 등)는 주격을 지배한다:

оди́н дом '한 채의 집'

однá кни́га '한 권의 책'

однó письмó '한 통의 편지'

двáдцать оди́н дом '스물 한 채의 집'

три́дцать однá кни́га '스물 한 권의 책'

끝이 2, 3, 4로 끝나는 수사(2, 3, 4, 22, 23, 24, 32, 33, 34 등)는 주격과 이와 유사한 대격에서 단수생격을 지배한다:

два дóма '두 채의 집'

три кни́ги '세 권의 책'

четы́ре письмá '네 통의 편지'

☞ 수사 2, 3, 4 뒤에 단수생격을 쓰는 것은 현대 러시아어 관점에서 말한 것이다. 고대 러시아어 문법에는 특별히 대상이 둘인 것을 구별하여 사용되는 쌍수의 개념이 있었다. 예를 들어 два брата의 брата는 쌍수 주격형이었다. 그런데 러시아어에서 쌍수의 개념이 사라지고 나서 수사 2가 단수 생격형과 함께 사용되게 되었다. 그런데 재미있는 것은 수사 2가 수사 3, 4에도 유추적인 영향을 끼치어 수사 3, 4 뒤에도 단수생격이 사용되게 되었다는 것이다.

끝이 5에서 20까지 끝나는 수사는 주격과 이와 유사한 대격에서 복수생격을 지배한다:

пять домóв '다섯 채의 집'

шесть книг '여섯 권의 책'

семь пи́сем '일곱 통의 편지'

двáдцать пять рублéй '이십오 루블'

연습문제 2 다음 수사와 결합한 명사의 바른 형태를 쓰시오.

(1) пять (вокзал)
(2) два (дом)
(3) семь (письмо)
(4) шесть (учебник)
(5) четыре (книга)
(6) два (язык)
(7) три (карандаш)
(8) тридцать три (задача)
(9) четыре (аудитория)
(10) восемь (книга)

7.1.3. 수량수사와 형용사, 명사의 결합

수사가 주격이나 주격과 유사한 대격이 사용되면 다음과 같이 된다.

첫째, 수사 оди́н, однá, однó 뒤에선 형용사는 주격이고 명사도 주격으로 된다:

оди́н большóй дом '한 채의 큰 집'

однá большáя кóмната '하나의 큰 방'

однó большóе письмó '한 통의 큰 편지'

둘째, 수사 два, три, четы́ре 뒤에선 만약 형용사가 남성이나 중성명사에 관계되면 일반적으로 형용사는 복수생격, 명사는 단수생격으로 된다:

два больши́х дóма '두 채의 큰 집들'

три ва́жных изве́стия '세 개의 중요한 소식들'

셋째, 형용사가 여성명사에 관계되면 수사 два, три, четы́ре 뒤에서 형용사는 복수 주격으로 되고, 명사는 단수생격으로 된다:

две тру́дные зада́чи '두 개의 어려운 과제들'

четы́ре больши́е аудито́рии '네 개의 큰 강의실'

☞ 그러나 две трудных задачи, четыре больших аудитории도 가능하다.

넷째, пять 이상 수사 다음에는 형용사, 명사 모두 복수생격이다:

пять больши́х домо́в '다섯 채의 큰 집들'

шесть тру́дных зада́ч '여섯 개의 어려운 과제들'

☞ 그러나 러시아어에서 수사의 격지배는 수사의 전체 수의 의미가 아니라 마지막 수사에 의하여 결정된다. 예를 들어, 아무리 큰 수라도 마지막 수사가 1이라면 주격으로 된다.

다섯째, 주격이 아닌 사격에서는 수사와 형용사는 명사와 일치한다:

Не реши́л двух тру́дных зада́ч. '두 개의 어려운 과제들을 해결하지 못했다.'

Заня́тия иду́т в четырёх больши́х аудито́риях. '수업은 네 개의 큰 강의실에서 진행된다.'

7.1.4. 수사 оди́н의 복수 사용법

복수에서 수사 одни́, одни́х, одни́м 등은 다음의 경우에 사용된다.

첫째, 《단지, 다만》의 의미로 사용된다.

На собра́нии бы́ли одни́ ученики́. '회의에는 학생들만 참석했다.'

В э́том шкафу́ одни́ словари́. '이 책장에는 사전들만 있다.'

☞ 상기 문장에서 одни는 только의 의미로 사용되었다.'

둘째, 단수 형이 없는 명사들과 함께 사용된다.

одни́ часы́ '한 개의 시계'
одни́ су́тки '하루 24시간'
одни́ но́жницы '한 벌의 가위'

셋째, '어떤, 일부의, 약간의'의 의미로 사용된다.

Я взял снача́ла одни́ кни́ги, пото́м други́е. '나는 처음에는 몇 권의 책을, 그리고 나중에는 몇 권의 다른 책을 가졌다.'
Одни́ лю́ди приходи́ли, други́е уходи́ли. '어떤 사람들은 도착했고, 또 다른 어떤 사람들은 떠났다.'
Я говори́л с одни́ми друзья́ми, пото́м с други́ми. '나는 몇 명의 친구들과 이야기했고 나중에는 또 다른 몇 명의 친구들과 이야기했다.'

7.2. 집합수사(собирательные числительные)

러시아어에서 집합수사는 성으로 나누어지지 않는 완전한 총체의 의미로 사용되고, 다음 수사들이 있다:

дво́е '둘'	**тро́е** '셋'	**че́тверо** '넷'	**пя́теро** '다섯'
ше́стеро '여섯'	**се́меро** '일곱'	**во́сьмеро** '여덟'	

☞ оба, обе '둘, 쌍방'도 집합수사이다: оба брата '두 형제', обе сестры '두 자매'

7.2.1. 집합수사의 사용법

집합수사는 관련되는 수량수사보다 드물게 사용된다. 집합수사는 다음의 단어들과 결합해서만 사용된다.

첫째, 남성명사들과 결합하여 사용된다:

двóе мáльчиков '두 명의 소년들'

трóе ученикóв '세 명의 학생들'

чéтверо студéнтов '네 명의 대학생들'

пя́теро рабóчих '다섯 명의 노동자들'

그리고 명사 **дéти** '아이들', **лю́ди** '사람들'와 함께 사용된다.

трóе людéй '세 사람들', **чéтверо детéй** '네 명의 아이들'

☞ 이 경우에는 수량수사와 사용될 수 있다: **два мальчика** '두 소년들', **три человека** '세 사람들', **пять рабочих** '다섯 명의 노동자들'

여성명사는 수량수사하고만 사용된다:

две дéвочки '두 명의 소녀들'

три учени́цы '세 명의 여학생들'

четы́ре студéнтки '네 명의 여대생들'

둘째, 대명사와 함께 사용될 경우 주로 남성명사에 관하여 언급할 때 더 자주 사용된다.

Их бы́ло пя́теро. '그들은 다섯이었다.'

Не бы́ло вас двои́х. '당신들 두 사람은 없었다.'

Пришли́ все чéтверо. '모두 네 명이 왔다.'

셋째, 대명사와 명사 없이 독자적으로 사용된다:

Трóе стоя́ли на углý. '세 사람이 길 모퉁이에 서 있었다.'

Он рабóтает за двои́х. '그는 두 사람을 위하여 일한다.'

Сéмеро одногó не ждут. '일곱 명이 한 명을 기다리지 않는다.' (속담)

Шли трóе: двóе мужчи́н и жéнщина. '세 명이 갔다: 두 명은 남자이고 한 명은 여자다.'

넷째, 동물의 새끼를 나타내는 명사와 함께 사용된다:

двóе котя́т '두 마리 새끼 고양이'

чéтверо щеня́т '네 마리 강아지'

сéмеро козля́т '일곱 마리 새끼 염소'

다섯째, 단수를 가지지 않는 명사들과 함께 사용된다:

двóе нóжниц '가위 두 벌'

трóе сýток '삼일 주야'

чéтверо санéй '썰매 네 대'

Он прóжил здесь чéтверо сýток. '그는 이곳에서 나흘 주야를 보냈다.'

Он купи́л трóе нóжниц. '그는 세 벌의 가위를 구입했다.'

여섯째, 쌍을 가진 사물의 명칭들과 함께

двóе рук '두 사람의 팔'

трóе лыж '세 벌의 스키'

☞ **двое рук**는 '두 팔을 가진 사람 두 명'이라는 뜻이고, **трое лыж** '두 짝으로 된 스키 세 벌'이라는 뜻임. 집합수사는 비활동체를 나타내는 다른 명사와는 사용되지 않는다.

주격과 이와 유사한 대격 집합수사 **двóе** '둘', **трóе** '셋', **чéтверо** '넷', **пя́теро** '다섯'와 함께 사용되는 명사는 복수생격으로 된다:

трóе детéй '세 명의 아이들'

пя́теро детéй '다섯 명의 아이들'

수사와 함께 사용된 인칭대명사는 주격으로도(**Тóлько мы двóе остáлись здесь.** '우리 둘만 여기 남았다.' **Мы трóе бы́ли в кинó.** '우리 셋이서 영화관에 갔다 왔다.') 생격으로도(**Нас остáлось тóлько двóе.** '우리 둘만 남았다.' **Нас бы́ло в кинó трóе.** '우리 셋이서 영화관에 갔다 왔다.') 될 수 있다.

☞ 수사가 문장의 술어가 되면 주어는 복수생격이 된다. 예를 들어, **Нас** только двое здесь. '여기서 우리 둘뿐이다.'

단어 óба와 óбе도(óба брáта '두 명의 형제들', óбе сестры́ '두 명의 누이들') 집합수사에 속한다. 그러나 주격과 이와 유사한 대격 형태의 수사 다음에서 명사는 단수생격으로 된다.

수사 óба는 남성과 중성, óбе는 여성명사와 결합할 수 있다: óба брáта '두 명의 형제들', óбе сестры́ '두 명의 누이들', óба окнá '두 개의 창들'

☞ оба, обе의 격변화는 부록을 참고하시오.

7.3. 순서수사(порядковые числительные)

7.3.1. 순서수사 조성법과 특징

첫째, 순서수사는 수량수사 생격 어간에서 만들어진다. 이 때 생격어미 и 또는 a가 탈락되고 형용사 어미가 부가되어 형용사처럼 격변화를 한다:

пят-и́ → пя́т-**ый**, пя́т-**ая**, пя́т-**ое**, пя́т-**ые**
пяти́десят-и → пятидеся́т-**ый**, **-ая**, **-ое**, **-ые**
девянóст-а → девянóст-**ый**, **-ая**, **-ое**, **-ые**

둘째, 순서수사는 수량수사에서 만들어지지 않고 특수한 방법으로 만들어진다:

пéрвый '첫 번째의', **-ая, -ое, -ые**
вторóй '두 번째의', **-ая, -ое, -ые**
трéтий '세 번째의', **-ья, -ье, -ьи**
четвёртый '네 번째의', **-ая, -ое, -ые**
седьмóй '일곱 번째의', **-ая, -ое, -ые**

сороково́й '마흔 번째의', -ая, -ое, -ые

셋째, 단어 ты́сяча, миллио́н, миллиа́рд에서 만들어진 순서수사는 접미사 н과 어미로 만들어진다:

ты́сячный '천 번째의'
миллио́нный '백만 번째의'
миллиа́рдный '십억 번째의'

넷째, 합성 순서수사에서 마지막 단어만 순서수사가 된다:

два́дцать пя́тый '스물 다섯 번째의'
две́сти со́рок восьмо́й '이백마흔 여덟 번째의'

다섯째, 순서수사는 일반적으로 명사와 함께 사용된다. 이들은 항상 명사와 성, 수, 격에서 일치된다. 순서수사는 형용사와 같이 성, 수, 격에 따라 변화된다:

пе́рвый экза́мен '첫 번째 시험'
пе́рвая ле́кция '첫 번째 강의'
пе́рвое заня́тие '첫 번째 수업'
пе́рвые заня́тия '첫 번째 수업들'
пе́рвого экза́мена '첫 번째 시험의'
пе́рвой ле́кции '첫 번째 강의의' 등

☞ 순서수사는 형용사와 같이 성, 수, 격 변화를 하는데 третий, восьмой등과 같은 몇몇 순서수사를 제외하고 대부분 новый(1)와 같이 형용사 경자음 기본형과 같이 격 변화된다.

여섯째, 수사 тре́тий '세 번째의'는 격변화 할 때 어미 앞에 ь를 가진다:

тре́тьего, тре́тьему, тре́тьим, о тре́тьем

☞ 수사 третий '세 번째의'는 чей와 같은 격변화된다.

일곱째, 복합 순서수사는 이들의 마지막 단어만 격변화된다:

Я читáю сóрок восьмýю страни́цу. '나는 48페이지를 읽는다.'

Он живёт в сóрок вторóй квартúре. '그는 42번째 아파트에 살고 있다.'

7.3.2. 순서수사의 용법

시간을 표시할 때 순서수사는 다음의 경우에 사용된다:

첫째, 시와 분을 표기하는데 사용된다.

Сейчáс дéсять минýт четвёртого. '지금은 제 3시 10분이다.'

☞ 이것을 수량수사로 표현하면 «Сейчас три часа десять минут»로 나타낼 수 있다.

둘째, 일과 월을 표기하는데 사용된다.

Заня́тия начинáются пéрвого сентября́. '수업은 9월 1일에 시작된다.'

셋째, 년을 표기하는데 사용된다.

Я приéхал в Москвý в ты́сяча девятьсóт девянóсто вторóм годý. '나는 1992년에 모스끄바에 도착했다.'

7.4. 분수사(дробные числительные)

분수사는 단위의 부분을 나타낸다. 이들은 순서수사와 수량수사의 결합으로 만들어진다. 분모는 순서수사 복수생격으로 표시되고, 분자는 수량수사 주격으로 표시된다.

4/7 — четы́ре седьмы́х
6/8 — шесть восьмы́х

만약 분자가 1일 때, 분자는 여성형 одна́가 사용되고 분모는 순서수사 여성주격으로 표시된다.

1/2 — одна́ втора́я
1/4 — одна́ четвёртая

분자가 2일 때, 분자는 여성형 две가 사용되고 분모는 순서수사 복수생격으로 표시된다.

2/7 — две седьмы́х
2/8 – две восьмы́х

분수의 격변화는 분모와 분자의 두 부분이 따로 격변화된다.

☞ 3/5의 격변화는 부록을 참고하시오.

분수사와 결합하여 사용되는 명사는 항상 단수생격이다:

три восьмы́х **ме́тра** '3/8 미터'
семь деся́тых **уча́стка** '7/10 구역'

분수사가 격변화할 때 명사는 항상 생격으로 된다:

주격 три пя́тых **уча́стка**
생격 трёх пя́тых **уча́стка**
여격 трём пя́тым **уча́стка** 등

다음 분수사는 한 단어의 명사로 표현될 수 있다.

1/2 — одна́ втора́я, 그러나 구어에서는 명사 **полови́на**가 사용된다.
1/4 — одна́ четвёртая, 명사 **че́тверть**로도 사용된다.
1 1/2 — одна́ це́лая и одна́ втора́я, 명사 **полтора́**로도 사용된다.

☞ 수사 1 1/2은 남성형과 중성형 **полтора**와 여성형 **полторы**가 있다.

☞ полтора의 격변화는 부록을 참고하시오.

분수사가 정수와 함께 사용되면 정수를 표시하는 수량수사에 항상 형용사 целый 가 부가된다.

1 5/6 — одна́ **це́лая** и пять шесты́х
2 4/5 — две **це́лых** и четы́ре пя́тых
5 3/4 — пять **це́лых** и три че́тверти (또는 три четвёртых)
0,6 — ноль **це́лых**, шесть деся́тых
7,5 — семь **це́лых**, пять деся́тых

☞ 한국어에서는 소수점을 종지부(.)로 나타내어 예를 들어, 7.5라고 하지만 러시아어에서는 콤마(,)를 사용하여 7,5라고 한다.

Word Study 7. 영어에서 차용된 러시아어

현대 러시아어는 영어에서 차용된 단어가 압도적으로 많다. 아래 예에서 보면 아시겠지만 러시아어를 영어에서 차용하여 영어 발음대로 그대로 사용하는 경우가 많다. 영어와의 관련성을 생생하게 보여주기 위하여 단어의 뜻을 영어로 표기했다.

러시아어	영어	러시아어	영어
видеокассéта	videocassette	при́нтер	printer
кассéта	cassette	сертификáт	certificate
докумéнт	document	фотогрáфия	photograph
компáкт-дист	compact-Rom	администрáтор	administrator
компью́тер	computer	арти́ст	artist
лáзер	laser	ассистéнт	assistant
моби́льный телефóн	mobile phone	бизнесмéн	businessman
гимнáст	gymnast	дипломáт	diplomat
дирéктор	director	консультáнт	consultant
журнали́ст	journalist	мéнеджер	manager
мини́стр	minister	офицéр	officer
специали́ст	specialist	спортсмéн	sportsman
стюардéсса	stewardess	такси́ст	taxi driver
экономи́ст	economist	пиццéрия	pizzeria
банк	bank	салóн	salon
гóспиталь	hospital	клуб	club
супермáркет	supermarket	платфóрма	platform
банкéт	banquet	мáркер	marker
гарáж	garage	интерьéр	interior
такси́	Taxi	майонéз	mayonnaise

제8장

동사의 명령법과 가정법

8.1. 명령법(повелительное наклонение)

명령형은 요청, 명령, 촉구 등을 표현하는데 사용되고, 상대방에게 명령하는 2인칭 명령형과, 화자를 포함하는 행위를 촉구하는 권유 명령형 그리고 제 3자에게 명령하는 3인칭 명령형으로 구분된다.

8.1.1. 2인칭 명령형

2인칭 명령형은 현재시제 복수 3인칭 형태에서 어미를 떼어낸 후 불완료상 현재시제 어간과 완료상 단일 미래시제 어간에서 만들어진다.

현재형 어간이 '모음＋й'로 끝이 나면 이 형태가 명령형이다.

чита́ть '읽다': **чита́ют — читай＋ут → чита́й**
изуча́ть '공부하다': **изуча́ют — изучай＋ут → изуча́й**
петь '노래하다': **пою́т — пой＋ут → пой**
боя́ться '두려워하다': **бою́тся — бой＋ут＋ся → бо́йся**
пить '마시다': **пьют — пьй＋ут → пей**

☞ 동사원형 어간에 **и**를 가진 단음절 동사, 예를 들어, **пить** '마시다', **лить** '(액체를) 붓다', **бить** '때리다' 등과 같은 동사의 명령형은 각각 **пей, лей, бей** 등이다. 이것은 예를 들어, **пить**의 인칭 변화형은 **пью, пьёшь, пьют**인데, 단수 1인칭 **пью**에서 위의 방식대로 하면 **пьй**가 된다. 그러면 모음이 없는 형태가 된다. 그래서 **ь**를 **е**로 교체하여 **пей**가 된 것이다. 초급 학습자에게 이해하기 좀 어려운

말이지만 ь → е, ъ → о가 되는 경우가 많다.

현재형 어간이 자음으로 끝이 나면 두 가지로 나누어지는데, 단수 1인칭 어미에 강세가 떨어지면 и를 부가하고, 어간에 강세가 떨어지면 ь를 부가한다.

идти '걸어가다' : иду́ — ид+у → иди́
учи́ть '가르치다': учу́ — уч+у → учи́
сказа́ть '말하다': скажу́ — скаж+у → скажи́
смотре́ть '보다': смотрю́ — смотр'+у → смотри́
встать '일어나다': вста́ну – вста́н+у → вста́нь
сесть '앉다': ся́дут – ся́д+ут → ся́дь
дости́гнуть '도달하다': дости́гну → дости́гни

☞ -нуть동사는 강세위치와 관계없이 명령형은 어미 и다. достигнуть '도달하다': достигну → достигни, толкнуть '밀다': толкну → толкни

연습문제 1 다음 동사의 2인칭 명령형을 쓰시오.

читать, идти, изучать, петь, встать, говорить, помнить, изучить

8.1.2. 권유 명령형

권유 명령형은 дава́ть의 2인칭 명령형인 дава́й 또는дава́йте에 불완료상 동사원형을 부가하든지 아니면 완료상 동사 복수 1인칭형을 부가한다.

Дава́й(те) дружи́ть! '친하게 지냅시다!'

Дава́й(те) пойдём в теа́тр! '극장에 갑시다!'

☞ 위의 두 가지 유형에서 권유명령의 의미가 서로 다르다. 첫번째 유형은 일반적인 권유의 의미를 가진다. 위의 문장의 경우에는 일반적으로 '친하게 지내자'는 뜻이다. 그러나 완료상 복수 1인칭을 사용한 권유명령은 가까운 시간에 그 권유를 실현하기를 원하는 경우에 사용한다. 위의 문장의 경우에는 영화관에 갈 준비가 다 된 상황에서 사용하든지 아니면 가까운 시일에 함께 영화관에 가자고 할 때 사용한다.

연습문제 2 다음 동사를 가지고 간단한 권유 명령형 문장을 만드시오.

читать, прочитать, идти, пойти, одевать, одеть, вставать, встать

8.1.3. 3인칭 명령형

3인칭 명령형은 пусть(пуска́й)에 불완료상 동사 3인칭 또는 완료상 동사 3인칭으로 이루어진다.

Пусть он чита́ет. '그에게 읽게 하세요.'

Пусть они́ чита́ют. '그들에게 읽게 하세요.'

Пусть он прочита́ет. '그에게 다 읽게 하세요.'

Пусть они́ прочита́ют. '그들에게 다 읽게 하세요.'

8.2. 가정법(сослагательное наклонение)

8.2.1. 가정법 형태 조성법

가정법 형태는 과거시제 어간에 접미사 -л-과 소사(части́ца) бы(б)를 부가하여 만들어진다. 가정법은 인칭형태는 없고 성과 수만 존재한다.

Я **хоте́л бы** его́ ви́деть. '나는 그를 만나고 싶었는데'

Я **пошёл бы** пода́льше. '나는 좀 더 멀리 가고 싶었는데'

Я **чита́л бы** стихи́ Пу́шкина по-ру́сски. '나는 뿌쉬낀의 시를 러시아어로 읽고 싶었는데'

8.2.2. 가정법의 의미와 사용

가정법은 어떤 조건에서도 발생할 수 있는 가능한 행위 또는 예상되는 행위, 희망하는 행위를 표시한다.

Я **пошёл бы** сего́дня в теа́тр, **е́сли бы** у меня́ бы́ло вре́мя.

'내가 시간이 있었더라면 오늘 극장에 갔을텐데.'

Сего́дня я не могу́, но за́втра я с удово́льствием **пошёл бы** в теа́тр.

'오늘은 안됩니다만, 내일이라면 기꺼이 극장에 가고 싶습니다.'

Пошёл бы погуля́ть! '산책이라도 하려무나!'

소사 бы는 문장의 어느 위치에나 올 수 있다.

Я с удово́льствием **пошёл бы** за́втра в теа́тр.

Я **бы** с удово́льствием **пошёл** за́втра в теа́тр.

Я с удово́льствием **бы пошёл** за́втра в теа́тр.

복문에서 가정법이 사용될 경우 소사 бы는 주문에서나 종속문에서나 꼭 같이 사용되어야 한다.

Я пошёл бы сего́дня в кино́, е́сли бы у меня́ бы́ло вре́мя.

'내가 시간이 있었더라면 오늘 나는 영화관에 갈 수 있었을텐데!'

연습문제 4 다음 러시아어 문장을 한국어로 번역하시오.

(1) Целый день я ничего не кушал. Я хотел бы покушать!
(2) Я хотел бы посмотреть кино, если бы у меня было время.
(3) Я хотел бы посмотреть балет, если бы у меня был билет.
(4) Я учился бы в России, если бы у меня было много денег.
(5) Если бы у меня были крылья, то я летал бы как птица.

Word Study 8. 국가, 국적, 언어

국적의 성을 구별하는 명사는 -ец(남자)/-(ан)ка(여자), -чанин(남자)/-чанка(여자), -анин(남자)/-анка(여자), -анец(남자)/-анка(여자), -#(남자)/-ка(여자) 등 여러 가지 접미사를 통하여 다양하게 표현된다. 러시아 국적의 남자와 여자의 형태는 형용사가 명사화된 것이다.

국가	국적		언어
	남자	여자	
Росси́я '러시아'	ру́сский	ру́сская	ру́сский язы́к
Коре́я '한국'	коре́ец	корея́нка	коре́йский язы́к
Аме́рика '미국'	америка́нец	америка́нка	англи́йский язы́к
Эсто́ния '에스토니아'	эсто́нец	эсто́нка	эсто́нский язы́к
Англия '영국'	англича́нин	англича́нка	англи́йский язы́к
Кита́й '중국'	кита́ец	китая́нка	кита́йский язы́к
Япо́нка '일본'	япо́нец	япо́нка	япо́нский язы́к
Фра́нция '프랑스'	францу́з	францу́женка	францу́зский язы́к
Герма́ния '독일'	не́мец	не́мка	неме́цкий язы́к
Казахста́н '카자흐스탄'	каза́х	каза́шка	каза́хский язы́к
Узбекиста́н '우즈베키스탄'	узбе́к	узбе́чка	узбе́кский язы́к
Молда́вия '몰도바'	молдава́нин	молдава́нка	молда́вский язы́к

제9장

-ся 동사

러시아어에서 동사의 끝에 소사 -ся를 가진 동사들이 많다. 이 -ся는 재귀 대명사 себя́의 고어형태였지만 시간이 지나면서 동사와 한 단어로 융합되었다. 자음으로 끝나는 동사 뒤에서는 -ся가 되고 모음으로 끝나는 동사 뒤에서는 -сь로 된다. 이 -ся를 가진 동사는 의미에 따라 다음의 몇 가지로 구분된다.

☞ -ся 동사의 활용은 부록을 참고하시오.

9.1. 재귀의미 동사

소사 -ся는 타동사에 재귀의 의미를 부여하는 자동사로 바꿀 수 있다. 이 동사의 행위는 자기 자신에게 미치게 한다. 이때 소사 -ся는 의미가 재귀 대명사 себя́와 동일하다.

아래 두 문장의 의미를 비교하시오.

Мать одева́ет ребёнка.
'어머니가 아이에게 옷을 입힌다.'

Мать одева́ется.
'어머니는 옷을 입는다.'

Сестра́ причёсывает подру́гу.
'누이는 여자 친구의 머리를 빗어준다.'

Сестра́ причёсывается.
'누이는 자신의 머리를 빗는다.'

Я мо́ю бельё.
'나는 내의를 세탁한다.'

Я мо́юсь.
'나는 (자신의 얼굴 등을) 씻는다.'

☞ 재귀의미로 사용되는 동사는 **бриться** '면도하다', **купаться** '목욕하다', **мыться** '씻다', **одеваться** '옷을 입다', **раздеваться** '옷을 벗다', **причёсываться** '머리를 빗다', **умываться** '세수하다' 등이 있다.

연습문제 1 다음 러시아어 문장을 한국어로 번역하시오.

(1) Он бреется через день.
(2) Летом он купался в море.
(3) Мать помогла ребёнку раздеваться.
(4) Каждый день я умываюсь холодной водой.
(5) Он одевается тепло.

9.2. 상호의미 동사

상호의미를 가진 동사는 어떤 사람이나 사물이 또 다른 사람이나 사물로 상호간에 이동하는 것을 나타낸다.

Друзья́ встре́тились. '친구들이 만났다.'

Мы попроща́лись. '우리는 헤어졌다.'

Мы ча́сто ви́делись. '우리는 자주 만났다.'

이 의미를 전달하는 경우에 'c + 조격' 구문과 함께 사용되기도 한다.

Я встре́тился **с дру́гом.** '나는 친구와 만났다.'

Я попроща́лся **с дру́гом.** '나는 친구와 헤어졌다.'

Я ча́сто ви́делся **с ним.** '나는 자주 그와 만났다.'

다음 두 문장의 의미를 비교하시오.

Я встре́тил дру́га.
'나는 친구를 만났다.'

Мы с дру́гом встре́тились.
'우리는 친구와 서로 만났다.'

Я его́ давно́ не ви́дел. '나는 그를 오랫동안 보지 못했다.'

Мы давно́ не ви́делись. '우리는 오랫동안 서로 만나지 못했다.'

Мой друг познако́мил меня́ со своéй сестро́й. '나의 친구는 나를 자기 누이에게 소개해주었다.'

Я познако́мился с сестро́й дру-га. '나는 친구의 누이와 서로 인사를 나누었다.'

Нас объедини́ла общая работа. '공동 작업이 우리를 하나되게 했다.'

Мы объедини́лись. '우리는 하나가 되었다.'

☞ 상호의미로 사용되는 동사는 видеться '보다', встречаться '만나다', договариваться '약속하다', знакомиться '알게 되다', мириться '화해하다', прощаться '작별하다', расставаться '헤어지다' 등이 있다.

상호의미를 가진 동사들에서 행위의 상호성을 표현하기 위하여 어결합 друг друга 등이 사용된다.

Они́ ча́сто ви́делись **друг с дру́гом.** '그들은 자주 서로 만났다.'

Мы ча́сто помога́ли **друг дру́гу.** '우리는 자주 서로 도왔다.'

상호의미를 가진 동사와 어결합 друг дру́га의 사용에서 첫 번째 друг은 변하지 않고 두 번째 부분만 변하는데, 두 번째 부분의 변화형은 동사가 어떤 격을 요구하느냐에 따라 결정된다: ви́деть друг **дру́га** '서로 보다', помога́ть друг **дру́гу** '서로 돕다', интересова́ться друг **дру́гом** '서로에게 흥미를 느끼다', забо́титься друг **о дру́ге** '서로 걱정하다', надея́ться друг **на дру́га** '서로를 기대하다' 등.

연습문제 2 다음 러시아어 문장을 한국어로 번역하시오.

(1) Он встретился со старым другом на улице.
(2) Он познакомился с моим другом на вечере.
(3) Они помирились друг с другом.
(4) Он расстался с ней, пошёл домой.
(5) Он простился с друзьями.

9.3. 수동의미 동사

소사 **-ся**는 불완료상 타동사에 수동의미를 부여한다. 수동의미를 가진 동사는 수동문에서 사용된다.

다음 능동문과 수동문을 비교하시오.

Учи́тель выполня́ет план. '선생님이 계획을 수행한다'	**План выполня́ется учи́телем.** '계획은 선생님에 의하여 수행된다.'
Рабо́чие стро́ят дом. '노동자들은 집을 건축한다.'	**Дом стро́ится рабо́чими.** '집은 노동자들에 의하여 건축되고 있다.'

수동의미를 가진 동사는 조격보어를 요구한다.

Дом стро́ится **рабо́чими**. '집이 노동자들에 의하여 건축된다.'

☞ 능동문에서 수동문이 되어도 행위대상은 주어가 되고, 행위주체는 조격보어가 된다.

능동문에서 불완료상 동사가 사용되면 수동문에서는 소사 **-ся**를 가진 동사가 사용되고, 능동문에서 완료상 동사가 사용되면 수동문에서 피동 형용사 단어미가 사용된다.

Учи́тель **выполня́л** план. '선생님이 계획을 수행했다.'

→ План **выполня́лся** учи́телем. '계획이 선생님에 의하여 수행되었다.'

Студе́нт **прочита́л** кни́гу. '대학생이 책을 다 읽었다.'

→ Кни́га **причи́тана** студе́нтом. '책이 대학생에 의하여 읽혀졌다.'

☞ 피동 형용사 단어미는 피동 형동사 과거형에서 만들어진다. 피동 형동사 과거형은 완료상 동사 과거시제 어간에 피동 형동사 과거 접미사 **-нн-**을 부가하고 여기에 어미 **-ый**를 붙이면 된다: прочитать → прочита + нн + ый → прочитанный. 그런데 이 피동 형동사 과거형에서 피동 형동사 단어미는 피동 형동사 과거 접미사 **-нн-**에서 두 번째 **-н-**이 떨어져 나간 상태가 남성형 прочитан이고 여성형은 그기에 여성어미 a를 부가한 형태 прочитана이고, 복수형은 복수어미 ы를 부가한 형태 прочитаны로 된다. 바로 이 피동 형동사 단어미가 수동문의 술어로 사용된다.

연습문제 3 다음 러시아어 문장을 한국어로 번역하시오.

(1) Мост строится рабочими.
(2) Их дом построен из кирпича.
(3) Здесь скоро построят большой стадион.
(4) Постройка дома кончена к весне.
(5) Тайга кончилась, началась тундра.

9.4. 기타 의미 동사

다음 동사들은 소사 -ся가 붙어 있지만 재귀, 상호, 수동의 의미를 가지지 않는다. 이런 동사들은 사람 또는 사물의 상태, 위치, 움직임의 변화를 가리키는 동사; 감정을 나타내는 동사; 어떤 현상의 시작, 계속, 끝을 나타내는 동사 등이다.

Пого́да измени́лась за ночь. '날씨가 밤 동안에 바뀌게 되었다.'
Ого́нь распространи́лся во все сто́роны. '불이 양 사방에 퍼졌다.'
Я ра́дуюсь на́шей встре́че от всей ду́ши. '나는 전심으로 우리의 만남을 기뻐한다.'
Все студе́нты волну́ются пе́ред экза́менами. '모든 대학생들은 시험 전에 흥분한다.'
Река́ начина́ется в э́тих гора́х. '강은 이 산에서 시작된다.'
Собра́ние продолжа́ется до семи́ часо́в ве́чера. '모임은 저녁 7시까지 계속되고 있다.'

연습문제 4 다음 문맥에 알맞은 것을 선택하시오.

(1) Мы (кончили, кончились) работу и пошли домой.
(2) Лето (кончило, кончилось), наступила осень.
(3) Он (открыл, открылся) дверь и вошёл в комнату.
(4) Дверь (открыла, открылась) и в комнату вошёл человек.
(5) Студенты хорошо (учили, учились).
(6) Мы (учили, учились) стихотрение Пушкина.

(7) У меня было мало времени. Я (торопил, торопился).

(8) Шофёр (остановил, остановился) автомобиль перед входом в отель.

(9) Я уже (вернул, вернулся) эту книгу в библиотеку.

(10) Они (подняли, поднялись) на вершину горы.

Word Study 9. 직업

직업을 나타내는 남성 접미사는 -тель, -ник, -ист, -чик, -ант, -ач, -ец, -ир 등으로 나타내고, 반면에 여성 접미사는 -тельниц(а), -ниц(а), -истк(а), -чиц(а), -антш(а), -ачк(а), -ис(а) 등으로 나타낸다. 그러나 러시아에서도 여성의 사회진출이 늘어나면서 직업의 성 구별을 하지 않는 경향이 확대되고 있다. 그리하여 журнали́ст '기자', архите́ктор '건축가', юри́ст '법률가', адвока́т '변호사', банки́р '은행가', перево́дчик '통번역가', врач '의사', диза́йнер '디자이너', программи́ст '프로그래머' 등 다양한 직업에서 남녀 구별이 없이 사용되고 있다.

студе́нт '대학생'	**студе́нтка** '여대생'
актёр '배우'	**актри́са** '여배우'
учи́тель '교사'	**учи́тельница** '여교사'
учени́к '남학생'	**учени́ца** '여학생'
архите́ктор '건축가'	**юри́ст** '법률가'
преподава́тель '강사'	**профе́ссор** '교수'
программи́ст '프로그래머'	**банки́р** '은행가'
диза́йнер '디자이너'	**журнали́ст** '기자'
журнали́стка '여기자'	**перево́дчик** '통번역가'
перево́дчица '여성 통번역가'	**почтальо́н** '우체부'
строи́тель '건축업자'	**адвока́т** '변호사'
госслужа́щий '공무원'	**специали́ст** '전문가'
экономи́ст '경제학자'	**секрета́рь** '여비서'
арти́ст '예술가'	**музыка́нт** '음악가'
лётчик '비행사'	**худо́жник** '예술가'
писа́тель '작가'	**рабо́чий** '노동자'
боре́ц '레슬링 선수'	**касси́р** '출납계 직원'
пиани́ст '피아니스트'	**пиани́стка** '여자 피아니스트'
врач '의사'	**скрипа́ч** '바이올린 연주자'

제**10**장

무인칭 동사

러시아어에서는 자연현상, 사람의 여러가지 상태, 의무, 필요 등에서 무인칭 동사를 사용한다. 무인칭 동사는 모든 시제에서 단수 3인칭으로만 사용되고, 과거시제에서는 중성으로만 사용된다. 의미상 다음의 세 가지 그룹으로 나눌 수 있다.

10.1. 자연현상 표시 무인칭 동사

светáет '날이 밝아지고 있다.'

холодáет '추워지고 있다.'

вечерéет '저녁 때가 되고 있다.'

морóзит '얼어있다.'

смеркáется '어두워지고 있다.'

연습문제 1 다음 러시아어 문장을 한국어로 번역하시오.

(1) Уже вечереет.
(2) На дворе морозит.
(3) Уже совсем стемнело и начинало холодать.
(4) На дворе уже начинало светать.
(5) К вечеру похолодало.

10.2. 사람의 상태 표시 무인칭 동사

Мне нездоро́вится. '나는 건강이 좋지 않다.'

Ребёнку хо́чется гуля́ть. '아이는 나다니고 싶어한다.'

Ей не спи́тся. '그녀는 잠을 자려고 해도 잠이 오지 않는다.'

Де́тям не сиди́тся на одно́м ме́сте. '아이들은 한 자리에 앉아있지 않는다.'

☞ 무인칭 문장에서 행위주체는 일반적으로 여격으로 된다.

10.3. 의무, 필요 표시 무인칭 동사

Вам сле́дует яви́ться у́тром. '당신은 아침에 나타나야 한다.'

Тебе́ сто́ит пойти́ на ве́чер. '너는 저녁 파티에 가야 한다.'

Больно́му не сле́дует выходи́ть из до́ма. '환자는 집에서 외출해서는 안 된다.'

연습문제 2 다음 러시아어 문장을 한국어로 번역하시오.

(1) Сегодня мне нездоровится и я решил остаться дома.

(2) В такую погоду мне не сидится дома.

(3) Мне хочется пить и есть.

(4) Не следует так поступать.

(5) Этот город стоит посмотреть.

Word Study 10. 과일

이번에는 과일의 명칭을 배워보자. 아래 설명에서 보는 바와 같이 과일의 명칭 대부분은 외래어 차용으로 러시아에 수입된 것임을 알 수 있다.

фрукт	과일	**клубни́ка**	딸기	**я́блоко**	사과
бана́н	바나나	**хурма́**	감	**ви́шня**	버찌
апельси́н	오렌지	**пе́рсик**	복숭아	**анана́с**	파인애플
виногра́д	포도	**ды́ня**	메론	**арбу́з**	수박

☞ фрукт는 18세기 폴란드어 «frukt»에서 차용된 것이고, клубника는 과일의 둥근모양을 닮았다고 하여 어간 клубн-에 접미사 -ик(а)(земляника '딸기' 등)를 부가하여 만들어졌고, яблоко는 사과를 의미하는 고대 슬라브어 «аблъко»에서 온 것이고, банан은 18세기 프랑스에서 차용되었는데 아랍어로 손을 의미하는 «banan»에서 온 것이다. 즉 '손가락 모양을 닮은 과일'이라는 뜻이다. хурма는 19세기 터키어에서 차용된 것으로 터키어로 '후르마'는 대추야자열매를 의미한다. вишня는 서양 벚꽃을 의미하는 고대 독일어 «wihsila»와 동일한 어간에서 파생된 것으로 추정한다. апельсин은 18세기 화란어에서 차용된 것으로 문자적으로 중국사과를 의미하는 프랑스어 «pomme de Chine»의 의미를 번역 차용한 것이다. персик은 페르시아 사과를 의미하는 라틴어 «persicum malum»에서 온 것이다. ананас는 스페인어 'ananas'에서 차용된 것이다. виноград는 고대 슬라브어에서 온 것인데 화란어 «weinagards»의 조어적 차용어이다. дыня는 그리스어 «kydonia»에서 음성적인 변화를 거쳐서 된 것으로 추정한다. 그리고 Арбуз는 16세기 타타르어에서 차용된 것으로, 이 단어의 의미는 메론을 의미하는 페르시아어 «харбуза»에 기원한다.

제11장

운동동사

러시아어에는 여러가지 의미의 운동동사들이 있다. 접두사가 없이 사용되는 운동동사와 접두사와 함께 사용되는 운동동사로 구분된다.

11.1. 무접두사 운동동사

러시아어에는 다음의 운동동사 그룹이 있다.

정태 동사	부정태 동사	의미
идти́	ходи́ть	'걸어가다'
е́хать	е́здить	'차를 타고 가다'
бежа́ть	бе́гать	'뛰어 가다'
лете́ть	лета́ть	'날라 가다'
плыть	пла́вать	'수영하다'
нести́	носи́ть	'손으로 들고 가다'
везти́	вози́ть	'차로 운반하다'
вести́	води́ть	'데리고 가다'

☞ 운동동사의 변화형은 부록을 참고하시오.

여기에서 첫 번째 그룹의 동사들은 하나의 일정한 방향에서 수행되는 운동을 나타내고, 이들을 정태동사(глагол определённого движения)라고 한다.

Он **идёт** по у́лице. '그는 길을 따라 걸어간다.'

Он **е́дет** в центр. '그는 차를 타고 시내 중심지로 간다.'

Шко́льники **бегу́т** сюда́. '학생들이 이쪽으로 달려온다.'

두 번째 그룹의 동사들은 하나의 일정한 방향에서 수행되는 운동이 아니라 여러가지 방향에서 발생하는 운동을 나타낸다. 이 동사들을 부정태 동사(глагол неопределённого движения)라고 한다.

Он **хо́дит** по у́лице. '그는 길을 따라 이리 저리 걸어다닌다.'

Он ка́ждый день **е́здит** в центр. '그는 매일 차를 타고 시내 중심지로 다닌다.'

Студе́нты четы́ре в неде́лю **хо́дят** в университе́т. '대학생들은 일주일에 4번 대학에 간다.'

Пти́цы **лета́ют**, кружа́тся над о́зером. '새들이 호수 위에서 날라다니고 빙빙 돈다.'

부정태 동사는 왕복을 나타낼 수 있다.

Шко́льник ка́ждый день **хо́дит** в шко́лу. '학생은 매일 학교로 다닌다.'

과거시제에서 부정태 동사는 왕복동작이 일회적으로 이루어진 경우에 사용될 수 있다.

Утром я **ходи́л** на по́чту. '아침에 나는 우체국에 다녀왔다.'

부정태 동사는 행위능력을 나타낼 수 있다.

Этот ребёнок **хо́дит**. '이 아이는 걸을 수 있다.'

Этот ребёнок ещё не **хо́дит**. '이 아이는 아직 걸을 수 없다.'

Больно́й уже́ **хо́дит**. '환자는 벌써 걷는다.'

Этот больно́й не **хо́дит**. '이 환자는 걷지 못한다.'

Эти пти́цы не **лета́ют**, но они́ бы́стро **бе́гают**. '이 새들은 날지 못하지만 빨리 달릴 수 있다.'

Он хорошо́ **пла́вает**. '그는 수영을 잘 한다.'

Он хорошо́ **е́здит** на велосипе́де. '그는 자전거를 잘 탄다.'

Он пло́хо **е́здит** на велосипе́де. '그는 자전거를 잘 타지 못한다.'

부정태 동사 бродúть는 다른 운동동사와 달리 왕복의 의미도 없고 일정한 방향도 정해지지 않은 운동을 나타낸다.

Он дóлго **бродúл** пó лесу. '그는 숲에서 오랫동안 숲 속에서 방황하며 돌아다녔다.'

연습문제 1 다음 러시아어 문장을 번역하고 두 문장의 의미상의 차이를 설명하시오.

(1) Он идёт в школу. Он ходит в школу каждый день.
(2) Бабушка везёт в коляске внука. Бабушка возит в коляске внука.
(3) Лебеди плывут по озеру. Лебеди плавают по озеру.
(4) Сын бежит в киоск за молоком. Сын часто бегает в киоск за молоком.
(5) Рабочие едут на работу. Каждый день рабочие ездят на работу.
(6) Он летит в Москву по делам. Он часто летает в Москву по делам.
(7) Она несёт на подносе стакан чая. Она часто носит на подносе стакан чая.
(8) Она ведёт туристов по музею. Она часто водит туристов по музею.

연습문제 2 다음 문장의 괄호 안에서 문맥에 맞는 것을 선택하시오.

(1) Мать зовёт сына, и он (идёт, ходит) к ней.
(2) Всегда он (едет, ездит) на работу на машине.
(3) Осенью перелётные птицы (летят, летают) на юг.
(4) Перелётные птицы каждый год (летят, летают) на юг.
(5) Дети (бегут, бегают) сюда.
(6) Дети целый день (бегут, бегают) во дворе.
(7) Почтальон (идёт, ходит) по городу и разносит письма.
(8) Вот идёт почтальон, он (несёт, носит) нам письмо.
(9) Рано утром мать (ведёт, водит) ребёнка в детский сад.
(10) Мать каждый день (ведёт, водит) ребёнка в детский сад.

11.2. 접두사 운동동사

다양한 접두사들이 운동동사와 결합하여 다양한 방향의 의미를 나타낼 수 있다. 기본이 되는 정태동사와 부정태 동사는 모두 불완료상 동사이고, 정태동사에 접두사가 부가되면 완료상 동사가 되고 부정태 동사에 접두사가 부가되면 불완료상 동사가 된다.

11.2.1. 접두사의 의미와 구문

в-(외부에서 내부로)와 вы-(내부에서 외부로)

Он вошёл в ко́мнату. '그는 방 안으로 들어갔다.'

Он вы́шел из ко́мнаты. '그는 방에서 나왔다.'

при-(목적지에 도착)와 у-(목적지에서 떠남)

Он пришёл на заво́д. '그는 공장에 도착했다.'

Он ушёл с заво́да. '그는 공장에서 떠났다.'

по-(운동시작)

Он встал и пошёл к вы́ходу. '그는 일어나서 출구쪽으로 걸어가기 시작했다.'

под-(목적지로 접근)와 от-(목적지에서 떠남)

Он подошёл к столу́. '그는 책상으로 다가갔다.'

Он отошёл от стола́. '그는 책상에서 떨어졌다.'

за-(사물의 너머로 이동, (지나는 길에) 들럼, 행위시작, 사물의 심층부로 들어감)

Со́лнце зашло́ за ту́чу. '태양이 먹구름 너머로 넘어갔다.'

По доро́ге домо́й я зашёл на по́чту. '집으로 오는 길에 나는 우체국에 들렀다.'

Он встал и в волнéнии заходи́л по кóмнате. '그는 일어나서 흥분하여 방 안을 걷기 시작했다.'

Вы зашли́ глубокó в лес и потеря́ли дорóгу. '당신은 숲 속으로 깊이 들어가서 길을 잃었다.'

до-(일정한 장소까지 도달, 수행된 운동 평가,)

Он дошёл до углá ýлицы. '그는 길 모퉁이까지 도달했다.'

Как вы доéхали? '당신은 어떻게 갔습니까?'

— Мы доéхали хорошó до Ки́ева. '우리는 끼예프까지 잘 갔습니다.'

пере-(한 방향에서 다른 방향으로 이동, 이사, 이직 등)

Мы перешли́ чéрез ýлицу. '우리는 길을 건넜다.'

Мы переéхали в другóй гóрод. '우리는 다른 도시로 이사갔다.'

Я перехожý на другýю рабóту. '나는 다른 직장으로 이직한다.'

про-(사물의 측면 이동, 관통, 공간 이동, 통과)

Мы прошли́ ми́мо аптéки. '우리는 약국 옆을 지나갔다.'

Мы проéхали сквозь туннéль. '우리는 터널을 관통하였다.'

Мы проéхали 30 киломéтров. '우리는 30 킬로미터를 지나갔다.'

Мы проéхали свою́ останóвку. '우리는 우리 정류소를 통과해버렸다.'

вз-(вс-)(아래에서 위로)와 с-(위에서 아래로, 어떤 장소에서 벗어나서 다른 장소로 이동)

Я взошёл на вторóй этáж. '나는 이층으로 올라갔다.'

Мы сошли́ с горы́. '우리는 산에서 내려왔다.'

Мы сошли́ с дорóги на тропи́нку. '우리는 길에서 벗어나서 오솔길로 갔다.'

о-(об-)(주변 운동, 장소 전체에 미치는 행동)

Я обошёл óзеро. '나는 호수 주변을 우회했다.'

☞ 위의 표현은 «Я обошёл вокруг озера» 라고 할 수 있다.

Мы обходи́ли все магази́ны. '우리는 모든 가게를 다 돌아다녔다.'

☞ 위의 문장에서는 전치사 없는 복수대격을 요구한다.

연습문제 3 다음 러시아어 문장을 한국어로 번역하시오.

(1) Двери открылись, и из аудитории вышли студенты.
(2) Ко мне из Москвы приехал друг.
(3) Брат приезжает ко мне каждый год.
(4) Он написал предложение на доске и отошёл от неё.
(5) Собрание кончилось, и все разошлись по домам.
(6) После ужина он сразу пошёл в комнату и лёг спать.
(7) Каждое утро я вставал рано, завтракал и шёл в университет.
(8) У него болела нога, поэтому он шёл медленно.
(9) Он открыл дверь и вошёл в комнату.
(10) Самолёт сделал круг над городом и полетел на юг.

연습문제 4 다음 문장의 괄호 안에서 문맥에 맞는 것을 선택하시오.

(1) Мы увидели узкую тропинку и (шли, пошли) по ней.
(2) Каждый вечер после работы мы вместе (шли, пошли) домой.
(3) После ужина он сразу (шёл, пошёл) в свою комнату и лёг спать.
(4) Мы долго (шли, пошли) по узкой тропинке.
(5) Он получил деньги и (шел, вышел) из банка.
(6) Я открыл калитку и (вошёл, входил) во двор.
(7) Я открыл дверь и (вышел, выходил) из комнаты.
(8) К тебе (пришёл, приходил) друг, он ждёт тебя полчаса.
(9) К тебе утром (пришёл, приходил) друг, он оставил тебе записку.
(10) Я звонил тебе вчера. Мне сказали, что ты (ушёл, уходил) в театр.

Word Study 11. 야채

이번에는 러시아어 기본 야채 어휘를 배우자.

ты́ква '호박'	**капу́ста** '양배추'	**огуре́ц** '오이'
лук '양파'	**чесно́к** '마늘'	**кукуру́за** '옥수수'
морко́вь '당근'	**гриб** '버섯'	**карто́фель** '감자'
карто́шка '감자'	**баклажа́н** '가지'	**свёкла** '붉은 무'
сла́дкий пе́рец '피망'	**о́стрый пе́рец** '고추'	**зелённый лук** '파'

제12장
동사의 상(вид)

상은 동사의 문법범주 중 하나로서 시간영역 내의 동작과정을 구분하는 범주이다. 러시아어에는 동사의 상 범주가 대단히 발달되어, 하나의 동사에 완료상 동사와 불완료상 동사의 두 가지 상 형태를 가지고 있다. 이 두 형태의 어휘적 의미는 동일하고 오직 상 의미의 구분이 있을 뿐이다. 그런데 여기서 상 범주의 구분 기준은 완료상이다. 다시 말하면 상 범주는 완료상과 완료상 아닌 것으로 구분되어 있다. 완료상 동사의 주된 의미는 종결된 행위를 표시하고 그 행위가 끝까지 완료된 것을 표시한다.

12.1. 동사 상 형성방법

동사 상 형성방법은 불완료상 동사에서 접두사를 첨가하여 만들어지는 방법, 완료상 동사에서 접미사를 첨가하여 만들어지는 방법 그리고 기타 다른 특수한 방법으로 만들어지는 방법 등으로 구분된다. 그런데 동사 상을 만들 때 상적 의미 외에 동사의 기본적인 어휘의미가 변하지 않는 경우와 그렇지 않은 경우를 구분해야 한다. 다시 말하면 불완료상 – 완료상의 두 형태가 서로 상짝인지 아니면 파생된 것인지를 구분해야 한다.

12.1.1. 접두사 첨가법

접두사 첨가법에 의하여 다음의 여러가지 의미의 완료상 동사가 만들어진다.

12.1.1.1. 종결된 행위 의미 완료상 동사

писáть **'쓰다'**(불완) — **на**писáть(완)

Вчерá я писáл письмó.
'어제 나는 편지를 썼다.'

Вчерá я написáл письмó.
'어제 나는 편지를 다 썼다.'

читáть **'읽다'**(불완) — **про**читáть(완)

Вчерá я читáл ромáн Толстóго.
'어제 나는 똘스또이의 장편소설을 읽었다.'

Вчерá я прочитáл расскáз Чéхова.
'어제 나는 체호프의 단편소설을 다 읽었다.'

стрóить **'건축하다'**(불완) — **по**стрóить(완)

Всё лéто стрóили нóвое здáние.
'여름 내내 새 건물을 짓고 있었다.'

К óсени нóвое здáние пострóили.
'가을이 되어 새 건물을 다 지었다.'

дéлать **'하다'**(불완) — **с**дéлать(완)

Шкóльник сидéл и дéлал урóки.
'학생은 앉아서 수업준비를 하고 있었다.'

Шкóльник сдéлал урóки и пошёл гулять.
'학생은 수업준비를 하고나서 산책하러 나갔다.'

желтéть **'노랗게 되다'**(불완) — **по**желтéть(완)

Желтéют лúстья у огурцóв.
'오이잎이 노랗게 되고 있다.'

Сентябрь. Ужé пожелтéли лúстья.
'9월이다. 벌써 잎들이 완전하게 노랗게 되어버렸다.'

розовéть **'붉게 되다'**(불완) — **по**розовéть(완)

На рукé розовéл шрам.
'손에 다친 자리가 붉게 되고 있었다.'

Утро. Порозовéло нéбо на горизóнте.
'아침이다. 지평선 위의 하늘이 완연하게 붉게 되어 버렸다.'

☞ 위에서 예를 든 불완료상과 완료상의 차이는 종결된 행위의 상적 의미를 제외하고는 아무런 차이가 나지 않는 순수한 상짝이다. 종결된 행위의 의미는 완료상 동사의 기본의미이다. 그런데 **желтеть** '노랗게 되다'(불완) — **пожелтеть**(완), **розоветь** '붉게 되다'(불완) — **порозоветь**(완)의 경우는 상태의 점진적인 변화를 나타내는 불완료상 동사와 접두사 **по-**에 의하여 그 행위의 종결을 나타내는 완료상 동사로 상짝을 이루고 있다.

12.1.1.2. 행위 시작, 발생 의미 완료상 동사

행위 시작, 발생 의미를 가진 완료상 동사는 일반적으로 접두사 за-, по-에 의하여 만들어진다.

пла́кать **'울다'(불완)** → **за**пла́кать **'울기 시작하다'(완)**

Де́вушка пла́чет го́рько.
'아가씨는 몹시 울고 있다.'

Де́вочка запла́кала.
'소녀는 울기 시작했다.'

говори́ть **'말하다'(불완)** → **за**говори́ть **'말하기 시작하다'(완)**

Студе́нт говори́т по-ру́сски.
'대학생은 러시아어로 말한다.'

Он заговори́л горячо́.
'그는 격렬하게 말하기 시작했다.'

дрожа́ть **'떨다'(불완)** → **за**дрожа́ть **'떨기 시작하다'(완)**

Он дрожа́ет от хо́лода.
'그는 추위로 떨고 있다.'

Он задрожа́л от волне́ния.
'그는 흥분하여 떨기 시작했다.'

сверка́ть **'번쩍이다'(불완)** → **за**сверка́ть **'번쩍이기 시작하다'(완)**

Мо́лния сверка́ет.
'번개가 번쩍인다.'

Мо́лния засверка́ла над ле́сом.
'번개가 숲 위에서 번쩍이기 시작했다.'

☞ 이 유형은 소리, 운동, 빛의 현상을 나타내는 불완료상 동사와 접두사 за-가 부가되어 그 행위가 시작되어 계속되는 것을 나타낸다. 그런데 이 동사들은 서로 상짝이 아니고 완료상 동사는 불완료상 동사에서부터 파생된 파생어이다. 서로 상짝이 아니라는 것을 나타내기 위하여 화살표(→)를 사용하였다.

идти́ **'걸어가다'(불완)** → **пойти́** **'걸어가기 시작하다'(완)**

Шко́льник идёт в шко́лу.
'학생은 학교로 걸어간다.'

Он пошёл бы́стрыми шага́ми.
'그는 빠른 걸음으로 걸어가기 시작했다.'

бежáть '뛰어가다'(불완) → побежáть '뛰어가기 시작하다'(완)

Он бежи́т на рабóту.
'그는 직장으로 뛰어가고 있다.'

Они́ побежáли к рекé.
'그들은 강 쪽으로 뛰어가기 시작했다.'

☞ 이 유형은 불완료상 동사에 접두사 по-를 부가하여 행위 시작 또는 발생의 의미를 가진 완료상 동사를 형성한다. 이 동사들도 서로 상짝이 아니고 완료상 동사는 불완료상 동사에서부터 파생된 파생어이다.

12.1.1.3. 시간 속에서 제한된 행위 의미 완료상 동사

이 동사는 제한된 시간 속에서 행위가 시작되거나 발생하는 것을 표시한다. 부정태 동사에 접두사 по-가 부가되어 만들어지기도 하고 몇몇 다른 동사에서 만들어지기도 한다.

бéгать '달리다'(불완) → побéгать '조금 달리다'(완)

Дéти бéгают во дворé.
'아이들이 마당에서 달리고 있다.'

Он побéгал и отдохну́л.
'그는 조금 달린 후에 쉬었다.'

пóлзать '기다'(불완) → попóлзать '조금 기다'(완)

Ребёнок пóлзает по кóмнате.
'아이는 방에서 기고 있다.'

Ребёнок немнóго попóлзал и устáл.
'아이는 좀 기다가 지쳤다.'

сидéть '앉아 있다'(불완) → посидéть '조금 앉아 있다'(완)

Он сидéл на стуле.
'그는 의자에 앉아 있었다.'

Он посидéл и встал.
'그는 조금 앉아 있다가 일어났다.'

читáть '읽다'(불완) → почитáть '잠시 읽다'(완)

Он читáет кни́гу.
'그는 책을 읽고 있다.'

Он почитáл кни́гу и посмотрéл в окнó.
'그는 책을 좀 읽고나서 창 쪽을 바라보았다.'

☞ 불완료상 동사에 접두사 по-를 가지고 시간의 제한된 행위의 의미를 지닌 완료상 동사가 만들어졌고, 여기에서 완료상 동사는 불완료상 동사에서 파생된 것이다. 그래서 이 그룹도 상짝이 아니고 파생어에 속한다.

12.1.1.4. 행위의 비계속성, 일회성 의미 완료상 동사

불완료상 동사에 접두사 по-를 부가하여 행위의 비계속성, 일회성의 의미를 가진 완료상 동사가 만들어진다.

проси́ть '요청하다'(불완) — попроси́ть(완)

Я прошу́ вас, не стесня́йтесь! '부탁합니다. 제발 사양하지 마세요!'	Мать попроси́ла меня́ оста́ться до́ма. '어머니는 내가 집에 남아 있도록 요청했다.'

благодари́ть '감사하다'(불완) — поблагодари́ть(완)

Я благодарю́ вас за по́мощь. '나는 도와주신 것에 대하여 당신께 감사드린다.'	Я поблагодари́л его́ за по́мощь. '나는 도와주신 것에 대하여 그에게 감사드렸다.'

звони́ть '전화하다'(불완) — позвони́ть(완)

Я звони́л ему́ об э́том. '나는 이 일에 대하여 그에게 전화했다.'	За́втра я позвоню́ вам. '내일 나는 당신에게 전화하겠습니다.'

☞ 비계속성과 일회성의 의미는 완료상 동사의 상적 의미이다. 그러므로 불완료상 동사에서 접두사 по-에 의하여 이와 같은 상적 의미의 차이를 가진 완료상 동사는 서로 상짝이다.

12.1.1.5. 종결된 행위의 의미뿐만 아니라 여러가지 의미적 뉘앙스를 가진 완료상 동사

접두사들은 동사의 기본적 어휘의미에 접두사에 의하여 만들어지는 여러가지 의미를 포함할 수 있다. 이 유형의 동사들은 서로 상짝이 아니고 완료상 동사는 불완료상 동사에서 파생된 것이다.

불완료상	완료상	예문
писа́ть '쓰다'	списа́ть '베끼다'	списа́ть дикта́нт у дру́га '친구의 받아쓰기를 베끼다'

вписáть '써 넣다'	вписáть пропýщенное слóво '빠뜨린 단어를 써 넣다'
вы́писать '뽑아쓰다'	вы́писать выражéние из учéбника '교과서에서 표현을 뽑아쓰다'
дописáть '다 쓰다'	дописáть страни́цу до концá '페이지를 끝까지 다 쓰다'
приписáть '가필하다'	приписáть нéсколько слов к письмý '편지에 몇 자를 가필하다'
переписáть '고쳐쓰다'	переписáть рýкопись '원고를 고쳐쓰다'
записáть '필기하다'	записáть лéкцию '강의를 필기하다'
исписáть '가득 써 넣다'	исписáть две тетрáди '노트 두 권을 가득 쓰다'
подписáть '서명하다'	подписáть прикáз '명령에 서명하다'
надписáть '표면에 쓰다'	надписáть фотогрáфию '사진에 서명하다'
прописáть '처방하다'	прописáть лекáрство '약을 처방하다'
описáть '묘사하다'	описáть прирóду '자연을 묘사하다'

☞ 위의 완료상 동사들은 동사 писать '쓰다'에서 접두사 첨가로 새로운 의미의 완료상 동사들이 만들어진 것으로 파생어이다. 그러므로 동사 писать의 상짝이 아니다. 이런 방법으로 만들어진 완료상 동사의 상짝에 해당되는 불완료상 동사는 접미사 -ыва(-ива-) 등을 부가하여 만들어진다.

12.1.2. 접미사 첨가법

접미사 첨가법에 의하여 다음의 여러가지 의미의 불완료상 또는 완료상 동사가 만들어진다.

12.1.2.1. 접미사 -ыва-(-ива-)에 의한 행위 지속성 또는 반복성의 불완료성 동사

바로 위에서 설명한 바와 같이 동사에서 접두사 첨가로 만들어진 새로운 의미의 완료상 동사의 상짝인 불완료상 동사는 접미사 -ыва-(-ива-) 등을 부가하여 만들어진다. 이 불완료상 동사는 행위 지속성 또는 반복성의 의미를 가진다. 행위 지속성 또는 반복성의 의미는 불완료상 동사의 기본의미이다.

완료상 동사	불완료상 동사
списáть '베끼다'	**спи́сывать**
вписáть '써 넣다'	**впи́сывать**
вы́писать '뽑아쓰다'	**выпи́сывать**
дописáть '다 쓰다'	**допи́сывать**
приписáть '가필하다'	**припи́сывать**
переписáть '고쳐쓰다'	**перепи́сывать**
записáть '필기하다'	**запи́сывать**
исписáть '가득 써 넣다'	**испи́сывать**
подписáть '서명하다'	**подпи́сывать**
надписáть '표면에 쓰다'	**надпи́сывать**
прописáть '처방하다'	**пропи́сывать**
описáть '묘사하다'	**опи́сывать**

☞ 위의 완료상 동사와 불완료상 동사는 서로 상짝이다.

12.1.2.2. 접미사 -ва-에 의한 반복행위의 불완료성 동사

반복행위의 의미를 전달하는 접미사 -ва-에 의하여 이 유형의 불완료상 동사는 해당되는 완료상 동사와 반복행위의 의미만 차이가 난다.

완료상	불완료상
Он **дал** мне пода́рок. '그는 나에게 선물을 주었다.'	Он всегда́ **дава́л** мне пода́рки. '그는 항상 나에게 선물들을 주곤했다.'
Он **пе́редал** мне свои́ права́ на иму́щество. '그는 나에게 자신의 재산권을 넘겨주었다.'	Он не́сколько раз **передава́л** мне свои́ права́ на иму́щество. '그는 여러번 나에게 자신의 재산권을 넘겨주었다.'
Он **встал** и вы́шел из ко́мнаты. '그는 일어나서 방에서 나갔다.'	Ле́том он ча́сто **встава́л** с восхо́дом со́лнца и уходи́л на ре́ку. '여름에 그는 자주 태양이 뜰 때 일어나서 강 쪽으로 떠나곤 했다.'
Он **преодоле́л** страх. '그는 두려움을 극복하였다.'	Он с трудо́м **преодолева́л** страх. '그는 어렵게 두려움을 극복하고 있었다.'
Он **овладе́л** ру́сским произноше́нием. '그는 러시아어 발음을 터득했다.'	Он с больши́м трудо́м **овладева́л** ру́сским произноше́нием. '그는 매우 힘들게 러시아어 발음을 터득하고 있었다.'

☞ 어근 да-, зна-, ста- 뒤에 접미사 -ва-를 가진 동사는 현재시제 변화를 할 때 접미사 -ва-가 탈락한다. вставать '일어나다': встаю, встаёшь, встаёт, встаём, встаёте, встают 등.

12.1.2.3. 접미사 -и-와 -а-의 교체에 의한 완료상 동사와 불완료상 동사

이 유형에서 접미사 -и-를 가진 동사는 완료상 동사이고 접미사 -а-를 가진 동사는 불완료상 동사이다.

완료상	불완료상
Он **реши́л** тру́дную пробле́му. '그는 어려운 문제를 해결했다.'	Он сиде́л и **реша́л** тру́дную пробле́му. '그는 앉아서 어려운 문제를 해결하고 있었다.'
Сего́дня он **ко́нчил** рабо́ту в 7 часо́в ве́чера. '오늘 그는 저녁 7시에 일을 마쳤다.'	Обы́чно он **конча́л** рабо́ту в 6 часо́в ве́чера. '보통 그는 저녁 6시에 일을 마쳤다.'
Он **изучи́л** ру́сский язы́к самостоя́тельно. '그는 러시아어를 독학으로 공부했다.'	В шко́ле он **изуча́л** ру́сский язы́к. '학교에서 그는 러시아어를 배운 적이 있었다.'

Профе́ссор обяза́тельно **прове́рил** пи́сьменные рабо́ты студе́нтов.
'교수는 반드시 대학생들의 작문을 검사했다.'

Он **купи́л** мне кни́гу.
'그는 나에게 책을 사주었다.'

Профе́ссор до́лго **проверя́л** пи́сьменные рабо́ты студе́нтов.
'교수는 대학생들의 작문을 오랫동안 검사했다.'

Он ча́сто **покупа́л** мне кни́гу.
'그는 자주 나에게 책을 사주었다.'

☞ 이들 동사는 상적 의미만 차이가 나고 서로 상짝이다.

12.1.3. 서로 다른 어근을 가진 상짝

위에서 예를 든 상적 동사들은 어근이 동일하였지만 어근이 서로 다른 몇몇 동사들도 있다. 그러나 여기에서 예를 드는 동사는 어휘 사용 빈도수가 높은 동사이기에 꼭 기억해두어야 한다.

говори́ть '말하다' (불완) — сказа́ть (완)

Он всегда́ говори́л обо всём ма́тери.
'그는 항상 어머니에게 모든 것을 말하였다.'

Он сказа́л, что он о́чень за́нят.
'그는 매우 바쁘다고 말했다.'

брать '취하다' (불완) — взять(완)

Я беру́ кни́гу в библиоте́ке.
'나는 책을 도서관에서 빌린다.'

Кто взял мой портфе́ль?
'내 가방 누가 가져갔어요?'

класть '놓다' (불완) — положи́ть(완)

Обы́чно я кладу́ журна́л на стол.
'보통 나는 잡지를 테이블 위에 둔다.'

Вчера́ я положи́л журна́л на стул.
'어제 나는 잡지를 의자 위에 두었다.'

лови́ть '잡다' (불완) — пойма́ть(완)

Обы́чно он лови́л ма́ленькие ры́бы.
'보통 그는 작은 물고기를 잡았다.'

Сего́дня он пойма́л большу́ю ры́бу.
'오늘 그는 큰 물고기를 잡았다.'

иска́ть '찾다'(불완) — найти́(완)

Я до́лго иска́л свою́ потёрянную моне́ту.
'나는 오랫동안 내가 잃어버린 동전을 찾았다.'

Наконе́ц он нашёл моне́ту.
'드디어 그는 그 동전을 찾았다.'

ложи́ться '눕다'(불완) — лечь(완)

Я обы́чно ложу́сь спать в 11 часо́в.
'나는 보통 11시에 잠자리에 든다.'

Вчера́ я лёг спать в 12 часо́в.
'어제 나는 12시에 잠자리에 들었다.'

сади́ться '앉다'(불완) — сесть(완)

Обы́чно он сади́тся в авто́бус.
'보통 그는 버스를 탄다.'

Вчера́ он сел на метро́.
'어제 그는 지하철을 탔다.'

станови́ться '되다'(불완) — стать(완)

Он постепе́нно стано́вится вели́ким челове́ком. '그는 점차로 위대한 사람으로 되고 있다.'

Он стал вели́ким челове́ком.
'그는 위대한 사람이 되었다.'

12.1.4. 상짝이 없는 동사

대부분의 러시아어 동사는 자신의 상짝이 있지만 상짝이 없는 동사도 있다.

12.1.4.1. 불완료상 동사가 없는 완료상 동사

пона́добиться '필요하게 되다', **состоя́ться** '행해지다', **стать** '시작하다', **заблуди́ться** '길을 잃다'

12.1.4.2. 완료상 동사가 없는 불완료상 동사

сто́ить '값이 나가다', **зна́чить** '의미하다', **име́ть** '가지다', **облада́ть** '소유하다', **принадлежа́ть** '속하다', **состоя́ть** '성립되다', **содержа́ть** '함유하다' 등

12.1.4.3. 완료상과 불완료상이 한 형태인 동사

велéть '명령하다', **жени́ться** '결혼하다', **обещáть** '약속하다', **образовáть** '구성하다', **испóльзовать** '이용하다', **исслéдовать** '연구하다'

이런 동사들은 문맥에 따라 완료상 동사와 불완료상 동사를 구별해야 한다.

Он всегдá выполня́л всё, что **обещáл.** '그는 언제나 약속했던 모든 것을 이행했다.'

Он **обещáл** помóчь мне и помóг. '그는 나를 돕겠다고 약속했고 도왔다.'

☞ 동일한 동사 обещал이지만 위의 첫 번째 문장에서는 불완료상의 의미로 사용되었고, 두 번째 문장에서는 완료상의 의미로 사용되었다.

연습문제 1 다음 주어진 동사의 상짝을 쓰시오.

(1) писать —
(2) читать —
(3) делать —
(4) строить —
(5) просить —
(6) благодарить —
(7) звонить —
(8) списать —
(9) приписать —
(10) дать —
(11) признать —
(12) встать —
(13) открыть —
(14) решить —
(15) кончить —
(16) изучить —
(17) купить —
(18) говорить —
(19) брать —
(20) искать —

12.2. 동사 상의 용법

초급 러시아어 학습자는 러시아어 동사 상의 용법을 어렵게 생각하는 경향이 있다. 이것은 한국어에 동사 상의 개념이 명확하게 구분되어 있지 않기 때문이다. 한국어에 반하여 러시아어에는 동사 상의 개념이 명확하게 구분되어 있다. 앞에서 설명한 바와 같이 상 범주를 구분하는 기준은 완료상이다. 다시 말하면 러시아어 동사는 완료상과 완료상 아닌 것으로 구분되어 있다. 그리고 완료상의 기본개념은 '종결된 행위'와 '일정한 결과 달성'이다. 상적 의미를 처음부터 너무 세부적으로 접근하면 이해도 잘 되지 않을 뿐만 아니라 복잡하고 어렵게 여겨진다. 이 정도의 개념만 가지고도 어지간한 상적 의미는 구분할 수 있다. 이에 반하여 불완료상의 기본의미는 '반복행위'와 '지속성'이다. 이 의미는 결국 완료상의 기본의미인 '종결된 행위'와 '일정한 결과 달성'에 대립되는 개념이다. 아래에서 설명하는 상의 용법도 결국 이 기준으로 접근하면 이해하기가 용이하다.

12.2.1. 동사 상의 기본의미

12.2.1.1. 완료상 동사는 종결된 행위와 일정한 결과 달성을 나타내고, 반면에 해당되는 불완료상 동사는 반복행위와 지속성을 나타낸다.

완료상 동사:

написáть '쓰다', **прочитáть** '읽다', **приготóвить** '준비하다', **сдéлать** '하다', **объяснúть** '설명하다', **рассказáть** '이야기하다', **решúть** '결정하다', **вы́лечить** '치료하다', **отдохнýть** '쉬다'

불완료상 동사:

писáть, читáть, готóвить, дéлать, объяснять, расскáзывать, решáть, лечúть, отдыхáть

Сегóдня я написáл письмó.
'오늘 나는 편지를 다 썼다.'

Я нéсколько раз писáл письмó.
'나는 여러번 편지를 썼다.'

☞ 왼쪽 문장에서는 일인칭 화자(я)가 오늘 편지쓰는 행위를 종결했다는 정보가 내포되어 있다. 그러나 오른쪽 문장은 과거의 어떤 시점에 일인칭 화자가 여러 번 쓴 적이 있었다는 정보만 내포되어 있다. 그러니까 오른쪽 문장은 반복해서 여러 번 썼다는 과거의 반복행위를 전달한다.

Врач вы́лечил больнóго и больнóй вы́шел из больни́цы. '의사가 환자를 다 치료했고 환자는 퇴원했다.'

Врач дóлго лечи́л больнóго.
'의사는 환자를 오랫동안 치료했다.'

☞ 왼쪽 문장에서는 의사가 환자를 치료하는 행위를 종결하였기에 환자가 다 나아서 퇴원했다는 정보가 내포되어 있다. 그러나 오른쪽 문장에서는 과거의 어떤 시점에 의사가 오랫동안 지속적으로 환자를 치료한 적이 있었다는 정보만 내포하고 있다. 의사가 아직 이 환자를 낫게하지 못했다는 것을 추측할 수는 있겠지만, 실제로는 그 환자가 나았는지 낫지 않았는지에 대한 정보는 내포되어 있지 않다는 것이 더 정확한 표현이라고 할 수 있다.

Лéтом он хорошó отдохнýл на пля́же.
'여름에 그는 해변가에서 잘 쉬었다.'

Лéтом я чáсто отдыхáл на пля́же.
'여름에 나는 자주 해변가에서 쉬었다.'

☞ 왼쪽 문장에서는 3인칭 화자가 여름에 해변가에서 쉬는 행위를 잘 수행했다는 정보가 내포되어 있다. 그러나 오른쪽 문장에서는 과거의 어떤 시점에 3인칭 화자가 해변가에서 쉰 적이 있었다는 정보만 내포되어 있다. 이 문장에서는 잘 쉬었는지 잘못 쉬었는지에 대한 정보는 내포되어 있지 않다.

12.2.1.2. 접두사 по-, за- 등을 통하여 행위 발생 순간이나 행위 시작을 나타낼 수 있고, 반면에 이들이 없는 불완료상 동사는 행위 지속성과 이러한 상태를 나타낸다. 그러나 이 경우에 완료상 동사는 불완료상 동사의 상짝이 아니다.

예를 들면 пойти́ '걸어가기 시작하다', поéхать '차를 타고 가기 시작하다', побéжать '뛰기 시작하다', зашумéть '소리를 내기 시작하다', закричáть '외치기 시작하다', засмея́ться '웃기 시작하다', заплáкать '울기 시작하다' 등을 들 수 있다.

Дождь пошёл.
'비가 내리기 시작했다.'

Весь день дождь шёл.
'하루 종일 비가 내렸다.'

☞ 왼쪽 문장에서는 행위 발생 순간 또는 행위 시작의 의미가 내포되어 있고 오른쪽 문장에서는 그런 의미가 내포되어 있지 않다. 접두사를 제거하면 그런 의미가 사라지게 된다.

12.2.1.3. 완료상 동사는 행위 순간을 표현할 수 있다.

예를 들어 махну́ть '손을 흔들다', толкну́ть '밀다', пры́гнуть '뛰어 오르다', шагну́ть '행진하다', бро́сить '던지다' 등을 들 수 있다. 이 동사의 짝의 불완료상 동사는 маха́ть, толка́ть, пры́гать, шага́ть, броса́ть 등이다. 행위 순간의 의미는 순수한 완료상의 상적 의미이다. 따라서 이 동사들은 서로 상짝이다.

Он махну́л рука́ми и исче́з. '그는 양손을 흔들고 사라졌다.'

☞ 이 문장은 손을 흔드는 행위를 한번 하고 난 후에 사라졌다는 정보를 내포하고 있다.

12.2.1.4. 완료상 동사는 접두사 по-를 통하여 시간 속에서 일정한 제한적인 행위를 표현할 수 있다.

예를 들어 погуля́ть '잠시 산책하다', полежа́ть '잠시 누워있다', поспа́ть '잠시 자다', посиде́ть '잠시 앉아 있다', поигра́ть '잠시 놀다' 등을 들 수 있다. 이 동사는 불완료상 동사에서 파생된 파생어이다. 따라서 접두사 по-가 없는 동사와 서로 상짝이 아니다.

Он погуля́л по па́рку и ушёл. '그는 잠시 공원을 산택하고 떠났다.'
Он кре́пко поспа́л и встал. '그는 잠시 깊은 숙면을 취하고 일어났다.'

☞ 이 두 문장 모두 일정한 제한적인 행위를 나타낸다.

12.2.1.5. 불완료상 동사는 반복행위를 나타내고, 완료상 동사는 일회적인 행위를 나타낼 수 있다.

불완료상	완료상
Обы́чно он ложи́лся спать в 11 часо́в. '보통 그는 11시에 잠자리에 들곤 했다.'	**Вчера́ он лёг в 12 часо́в.** '어제 그는 12시에 잠자리에 들었다.'
Обы́чно мы начина́ли рабо́тать в 8 часо́в у́тра. '보통 우리는 아침 8시에 일하기 시작했다.'	**Вчера́ мы нача́ли рабо́тать в 9 часо́в.** '어제 우리는 9시에 일하기 시작했다.'
Я всегда́ встаю́ в 6 часо́в у́тра. '나는 항상 아침 6시에 일어난다.'	**Сего́дня у́тром я встал о́чень ра́но.** '오늘 아침에 나는 매우 일찍 일어났다.'

☞ 위 문장에서 불완료상 동사는 반복행위를 나타내고, 완료상 동사는 일회적인 행위를 나타낸다. 예를 들어, 위의 첫 문장에서는 3인칭 화자가 일상적으로 잠드는 시간이 11시지만 12시에 잠들었다는 정보를 나타낸다. 이 동사들은 단독으로도 반복행위를 나타낼 수 있지만 반복을 나타내는 다음의 부사와 함께 사용될 수도 있다: всегда '항상', часто '자주', редко '이따금', постоянно '부단하게', обычно '보통', каждый день '매일', каждую неделю '매주', каждый месяц '매달', по воскресеньям '일요일마다', по утрам '아침마다', по вечерам '저녁마다' 등.

12.2.2. 시제와 상과의 관계에서 상의 의미

12.2.2.1. 현재시제와 상과의 관계

현재시제에서는 불완료상만 사용된다. 불완료상 동사 현재시제는 현재진행, 반복동작이나 습관, 일반적인 사실, 능력 등을 나타낼 수 있다.

До́лго он пи́шет письмо́. '오랫동안 그는 편지를 쓰고 있다.'
Ка́ждое у́тро я де́лаю заря́дку. '아침마다 나는 체조한다.'
Истина всегда́ побежда́ет. '진리는 항상 승리한다.'
Он говори́т по-ру́сски. '그는 러시아어로 말할 수 있다.'

12.2.2.2. 과거시제와 상과의 관계

12.2.2.2.1. 불완료상 동사

과거시제에서 불완료상 동사는 과거에 일어난 행위 수행 여부를 확인할 때 사용된다.

— **Вы чита́ли э́ту статью́?** '당신은 이 글을 읽었습니까?'

— **Да, я чита́л э́ту статью́.** '예, 저는 이 일을 읽었습니다.'

☞ 이것은 과거에 발생한 행위의 수행 여부를 물어본 것이다. 만약 행위 결과에 관심이 있으면 완료상 동사가 사용되어야 한다. 그리고 사실 확인 시에 사용하는 완료상 동사는 구어체에 특징적이다.

그리고 과거시제에서 불완료상 동사는 과거에 발생한 일회적인 반복행위를 나타낼 수 있다.

Почему́ кни́га така́я гря́зная? Кто её брал? '왜 책이 그렇게 더럽느냐? 누가 그 책을 가져갔었느냐?'

☞ 즉, 이 말은 누가 이 책을 가져갔다가 더렵혀서 가져왔느냐의 의미임.

Кто́-то приходи́л к вам. '누군가가 당신에게 왔었다.'

☞ 즉, 이 말은 누군가가 당신에게 왔다가 갔다는 의미임.

12.2.2.2.2. 완료상 동사

과거시제 완료상 동사는 행위의 종결과 일정한 결과 달성을 나타낼 수 있다. 이 의미는 완료상 동사의 가장 기본적인 의미이다.

완료상 동사:

написа́ть '쓰다', **прочита́ть** '읽다', **пригото́вить** '준비하다', **сде́лать** '하다', **объясни́ть** '설명하다', **рассказа́ть** '이야기하다', **реши́ть** '결정하다', **вы́лечить** '치료하다', **отдохну́ть** '쉬다'

불완료상 동사:

писа́ть, чита́ть, гото́вить, де́лать, объясня́ть, расска́зывать, реша́ть, лечи́ть, отдыха́ть

Де́ти пригото́вили бума́гу и карандаши́ для рисова́ния. '아이들은 그림을 그릴 종이와 연필들을 다 준비했다.'

☞ 이 문장에서는 아이들이 그림을 그리는데 사용되는 종이와 연필들을 준비하는 행위를 종결해서 그림 그릴 준비가 다 되어있다는 정보가 내포되어 있다.

Вы прочита́ли рома́н Лев Толсто́го «Войнá и мир»? '당신은 똘스또이의 장편소설 『전쟁과 평화』를 다 읽었느냐?'

☞ 이 문장에서는 똘스또이의 장편소설을 읽는 행위를 종결했느냐의 의미가 내포되어 있다. 그 두꺼운 책을 다 읽었느냐의 의미가 내포되어 있다고 볼 수 있다.

Кто́-то пришёл к вам. '누군가가 당신에게 와 있다.'

Я откры́л окно́ и све́жий во́здух вошёл в ко́мнату. '나는 창문을 열었고 원한 공기가 방 안으로 들어왔다.'

☞ 과거에 발생한 일회적인 반복행위를 나타낼 수 있는 과거시제에서 불완료상 동사에 상응하는, 완료상 동사는 과거시제에서 행위결과가 말을 한 순간에 지속되는 것을 나타낸다. 위의 문장은 누군가가 당신을 만나러 와서 지금 기다리고 있다는 의미를 나타내고, 두 번째 문장은 1인칭 화자가 창문을 열었고, 지금 열려 있는 상태로 있으니 시원한 공기가 방 안으로 들어온다는 의미를 나타낸다.

12.2.2.3. 미래시제와 상과의 관계

미래시제 불완료상 동사는 동사 **быть**의 미래형(**буду, будешь, ... будут**)과 불완료상 동사원형의 합성식 미래이고, 동사에 의하여 명명된 행위가 발화 이후 미래에 일어날 행위를 나타낸다.

— Что вы бу́дете де́лать за́втра? '당신은 내일 무얼 할 겁니까?'

— Зáвтра я бýду отдыхáть дóма. '내일 나는 집에서 쉴 겁니다.'

그러나 미래시제 완료상 동사는 완료상 동사자체의 인칭변화로 만들어지는 단일식 미래이고, 미래에 행위를 실현할 가능성을 나타낸다.

Тóлько он решúт э́ту проблéму. '그 사람만 이 문제를 해결할 수 있을 것이다.'

Лéтом я поéду учúться в Москвý. '여름에 나는 모스끄바로 공부하러 꼭 갈 것이다.'

☞ 위의 첫 문장은 «Только он может решить эту проблему.»로 교체될 수 있다.

반면에 부정문에서 사용된 미래시제 완료상 동사는 미래의 실현 불가능성을 나타낼 수 있다.

Он не поймёт э́того. '그는 이것을 이해할 수 없을 것이다.'

Он не решúт э́той проблéмы. '그는 이 문제를 해결하지 못할 것이다.'

☞ 이 문장은 «Он не может понять этого.» '그는 이것을 이해할 수 없다.' «Он не может решить этой проблемы.» '그는 이 문제를 해결할 수 없다.'로 교체할 수 있고 그래서 이 같은 문장의 미래시제 완료상 동사는 현재시제의 의미로도 사용될 수 있다.

연습문제 2 다음 문장의 괄호 안에서 문맥에 맞는 것을 선택하시오.

(1) Я (писал, написал) письмо час.
(2) Я (писал, написал) письмо за час.
(3) Этот дом (строили, построили) четыре месяца.
(4) Этот дом (строили, построили) за четыре месяца.
(5) Мы (отдыхали, отдохнули) в доме отдыха неделю.
(6) Мы (отдыхали, отдохнули) в доме отдыха за неделю.
(7) Мы (будем готовиться, подготовимся) к докладу пять дней.
(8) Мы (будем готовиться, подготовимся) к докладу за пять дней.
(9) Я (буду изучать, изучу) русский язык один семестр.
(10) Я (буду изучать, изучу) русский язык за один семестр.

연습문제 3 다음 문장의 괄호 안에서 문맥에 맞는 것을 선택하시오.

(1) Он целый день проводил на реке. Он (ловил, поймал) там рыбу. Однажды он (ловил, поймал) большую рыбу.

(2) Врач долго (лечил, вылечил) его и наконец (лечил, вылечил). Теперь он совершенно здоров.

(3) Учитель сидел за столом и (проверил, проверял) ученические тетради.

(4) Он увидел письмо и (засмеялся, смеялся) от радости.

(5) Соседи весь вечер (шумели, зашумели) за стеной, у них были гости.

(6) Вдруг (дул, подул) холодный ветер, сразу стало холодно.

(7) Всегда я (вставал, встал) в 7 часов утра. Вчера я (вставал, встал) так поздно, потому что очень устал.

(8) Каждый вечер мы (читали, прочитали) русский журнал дома.

(9) Утром он (читал, прочитал) газету и ушёл на работу.

(10) Они (ложились, легли) спать и сразу заснули.

Word Study 12. 의료

각종 치료를 받기 위하여 한국을 방문하는 러시아인들의 수가 해를 거듭할수록 늘어나고 있고, 병원의 외국인 진료분야에 러시아어 전공자들을 채용하고 있다. 흥미를 가지고 아래의 간단한 의료 용어를 배워보자.

врач '의사'	**медсестрá** '간호사'	**больни́ца** '병원'
аптéка '약국'	**кли́ника** '병원'	**лекáрство** '약'
больнóй '환자'	**кабинéт** '집무실'	**операция** '수술'
простýда '감기'	**грипп** '독감'	**хирýрг** '외과의사'
терапéвт '내과의사'	**грáдусник** '체온계'	**зубнóй врач** '치과의사'

제13장
형동사

형동사는 형용사와 동사의 기능을 동시에 수행하는 특수한 문법형태이고, 능동 형동사와 피동 형동사로 나누어진다. 그리고 능동 형동사와 피동 형동사는 각각 현재형과 과거형이 있다. 그리고 형동사는 문장에서 형용사와 같이 명사를 수식할 수 있고 성, 수, 격변화를 한다.

13.1. 형동사의 종류

형동사는 능동 형동사 현재와 과거, 피동 형동사 현재와 과거 네 가지로 구분된다. 먼저 각 형태가 한국어의 어떤 의미로 사용되는지 살펴보자.

13.1.1. 능동 형동사 현재

능동 형동사 현재는 불완료상 동사 현재형 어간에서 만들어지고 한국어로 '...고 있는'의 의미를 나타낸다.

читáющий '읽고 있는'
выполня́ющий '수행하고 있는'
вéрующий '믿고 있는'

13.1.2. 능동 형동사 과거

능동 형동사 과거는 불완료상 동사와 완료상 동사 원형어간에서 만들어지고 한국어로 '...하였던'의 의미를 나타낸다.

чита́вший '읽었던'
прочита́вший '다 읽었던'
выполня́вший '수행하였던'
писа́вший '썼던'

13.1.3. 피동 형동사 현재

피동 형동사 현재는 불완료상 동사 현재형 어간에서 만들어지고, 한국어로 '...되어진'의 의미를 나타낸다.

чита́емый '읽게 되는'
люби́мый '사랑스러운'

13.1.4. 피동 형동사 과거

피동 형동사 과거는 완료상 동사와 불완료상 동사 원형 어간에서부터 만들어지고, 한국어로 '...되었던'의 의미를 나타낸다.

чи́танный '읽게 되었던'
прочи́танный '다 읽게 되었던'
ви́денный '보게 되었던'

13.2. 형동사 조성법

13.2.1. 능동 형동사 현재 조성법

불완료상 동사 현재형 어간에 능동 형동사 현재형 접미사인 **-ущ(-ющ)** 또는 **-ащ-(-ящ-)**와 어미 **-ий**를 부가하여 형성된다.

читают: читай+ут: читай + **ущ** + ий → чита́ющий

выполняют: выполняй + ут: выполняй + **ущ** + ий → выполня́ющий

веруют: веруй+ут: веруй + **ущ** + ий → ве́рующий

пишут: пиш+ут: пиш + **ущ** + ий → пи́шущий

молчат: молч+ат: молч + **ащ** + ий → молча́щий

☞ 이것을 동사 현재형 복수 3인칭에 **-т**를 제거하고 **-щий**를 붙이면 된다고 설명하고 있는 문법책이 있는데 이같은 설명은 결과는 같을지 모르나 잘못된 설명이다. 그와 같은 설명은 형동사의 형태소 성분을 이해하는데 방해가 된다. 예를 들어 **пишущий**의 성분을 분석하면 **пиш-**는 어근이고 **-ущ-**는 능동 형용사 현재 접미사 그리고 **-ий**는 능동 형동사 현재형 어미이다. 만약 동사 현재형 복수 3인칭에 **-т**를 제거하고 **-щий**를 바로 붙이는 식으로 설명하면 동사 현재형 어미의 일부분(-у-)이 형동사 접미사로 되어 버리고 형동사의 어간과 어미를 구분하지 못하게 만든다. 아무리 급해도 정도를 가야 문법적인 체계를 바로 잡을 수 있다. 그리고 능동형동사 현재는 형용사 **хороший**(5)와 100% 동일한 어미변화를 한다.

연습문제 1 다음 동사를 가지고 능동 형동사 현재 형태를 만들고 한국어로 번역하시오.

(1) работать (2) говорить

(3) спрашивать (4) писать

(5) беседовать

13.2.2. 능동 형동사 과거 조성법

완료상 동사원형과 불완료상 동사원형 어간에 능동 형동사 과거형 접미사인 **-вш-(-ш-)**와 어미 **-ий**를 부가하여 만들어진다. 어간의 끝이 모음으로 끝나면 **-вш-**를 부가하고, 자음으로 끝나면 **-ш-**를 부가한다.

читать: чита-ть: чита + **вш** + ий → чита́вший

выполнять: выполня-ть: выполня + **вш** + ий → выполня́вший

нести: нес-ти: нес + **ш** + ий → нёсший

спасти: спас-ти: спас + **ш** + ий → спа́сший

☞ 능동 형동사 과거도 형용사 хороший(5)와 100% 동일한 어미변화를 한다.

연습문제 2 다음 동사를 가지고 능동 형동사 과거 형태를 만들고 한국어로 번역하시오.

(1) писать (2) читать

(3) нести (4) ждать

(5) видеть

13.2.3. 피동 형동사 현재 조성법

피동 형동사 현재는 불완료상 동사 현재형 어간에서 피동 형동사 현재형 접미사인 **-эм-/ -им-**와 어미 **-ый**를 부가하여 형성된다.

читать: читай + **эм** + ый → чита́емый

любить: люб' + **им** + ый → люби́мый

☞ 이것도 불완료상 동사 복수 1인칭에 **-ый**를 붙이면 된다고 설명하는 참고서가 있는데 그러한 설명도 잘못되었다. 왜냐하면 복수 1인칭에서 **-ем**은 동사 어미이고, 피동 형동사 현재에서 **-ем-**은 접미사이기 때문이다. 피동 형동사 현재는 형용사 경자음 기본형인 **новый(1)**와 100% 동일한 어미변화를 한다.

연습문제 3 다음 동사를 가지고 피동 형동사 현재형을 만들고 한국어로 번역하시오.

(1) читать　　(2) любить
(3) решать　　(4) давать
(5) наблюдать

13.2.4. 피동 형동사 과거형 조성법

피동 형동사 과거형은 완료상 동사와 불완료상 동사원형 어간에 피동 형동사 과거형 접미사인 -нн-(-ённ-, -т-)와 어미 -ый를 부가하여 형성된다. 어간의 끝이 모음으로 끝나면 -нн-를 부가하고, 자음으로 끝나면 -ённ-, 그리고 특수한 형태로 -т-를 부가하기도 한다.

прочита́ть: прочита+ть: прочита + **нн** + ый → прочи́танный

ви́деть: виде+ть: виде + **нн** + ый → ви́денный

спасти́: спас+ти: спас + **ённ** + ый → спасённый

взять: взя + **т** + ый → взя́тый

☞ 피동 형동사 과거 변화도 형용사 경자음 기본형인 новый(1)와 100% 동일한 어미변화를 한다.

연습문제 4 다음 동사를 가지고 피동 형동사 과거 형태를 만들고 한국어로 번역하시오.

(1) прочитать　　(2) указать
(3) сделать　　(4) взять
(5) понять

13.3. 형동사 구문

13.3.1. 형동사의 동사적 특성과 형용사적 특성

형동사는 형용사와 동사의 기능을 동시에 수행하는 특수한 문법형태이다. 그래서 형동사는 형용사와 같이 대상의 자질을 나타내고 성, 수, 격변화를 한다.

чита́ющий ма́льчик '(책을) 읽고 있는 소년'

люби́мая де́вушка '사랑받는 아가씨, 사랑스러운 아가씨'

люби́мый сын '사랑받는 아들, 사랑스러운 아들'

люби́мые де́ти '사랑받는 아이들, 사랑스러운 아이들'

그리고 형동사는 동사와 같이 자동사의 특성과 타동사의 특성을 구별하고, 타동사에서 만들어진 형동사는 타동사와 같이 보어를 필요로 하고 동사와 동일한 격을 요구한다. 그리고 형동사는 소사 **-ся**를 가진 동사와 같이 끝에 소사 **-ся**를 가진다. 형동사가 명사를 수식할 때는 전치수식보다 후치수식이 많이 사용된다. 그리고 이 경우에 명사와 형동사 사이에는 쉼표(,)를 둔다.

☞ 소사 **-ся**를 가진 형동사 격변화는 **-ся**를 제외한 부분의 끝이 자음으로 끝이 나든지 모음으로 끝이 나든지간에 항상 동일한 소사 **-ся**를 가진다.

чита́ющий кни́гу '책을 읽고 있는'

чита́вший кни́гу '책을 읽고 있었는'

выполня́ющий план '계획을 수행하고 있는'

лю́бящий дете́й '아이들을 사랑하는'

иду́щий в шко́лу '학교에 가고 있는'

купа́ющийся на мо́ре '바다에서 목욕하고 있는'

занима́ющийся ру́сским языко́м '러시아어를 공부하고 있는'

люби́мый отцо́м '아버지에 의하여 사랑받는'

чита́емый ма́льчиком '소년에 의하여 읽혀지고 있는'

спасённый спаса́тельным отря́дом '구조대원에 의하여 구조되었던'

☞ 피동행위를 수행하는 행위주체는 명사조격으로 된다. 예를 들어, **книга, читаемая ...** 는 '... 읽여지고 있는 책'이란 뜻인데 이 구문에서는 '누구에 의하여 읽여지느냐'에 해당되는 부분이 빠져 있다. 이 부분을 러시아어에서는 명사조격으로 처리한다. **книга, читаемая мальчиком** '소년에 의하여 읽혀지고 있는 책'

13.3.2. 형동사 구

형동사가 단독으로 사용되지 않고 종속어를 가지고 있으면 이를 형동사구라고 한다. 예를 들어, **игра́ть**는 스포츠 부분에서 사용되면 '**в** + 대격', 그리고 악기연주로 사용되면 '**на** + 전치격'을 종속어로 가질 수 있다.

игра́ющий в футбо́л '축구를 하고 있는'
игра́ющий на скри́пке '바이올린을 연주하고 있는'

그리고 **жить**는 장소의 상황어를 가질 수 있다.

живу́щий в Москве́ '모스끄바에서 살고 있는'
живу́щий в Пуса́не '부산에서 살고 있는'

그리고 **идти**는 비활동체는 '**в** + 대격', 활동체는 '**к** + 여격'을 종속어로 가질 수 있다.

иду́щий в шко́лу '학교에 가고 있는'
иду́щий к отцу́ '아버지에게 가고 있는'

그리고 타동사는 보어를 가진다.

лю́бящий ма́му '엄마를 사랑하는'
лю́бящий приро́ду '자연을 사랑하는'

이와 같이 형동사구가 명사를 수식할 때는 명사 뒤에서 후치수식을 한다.

ма́льчик, **игра́ющий в футбо́л** '축구를 하고 있는 소년'

мой друг, **живу́щий в Москве́** '모스끄바에 살고 있는 나의 친구'

сын, **иду́щий к отцу́** '아버지에게 가고 있는 아들'

сын, **лю́бящий приро́ду** '자연을 사랑하는 아들'

연습문제 5 다음 러시아어 문장을 한국어로 번역하시오.

(1) Мать зовёт играющего во дворе мальчика.

(2) Он дарит цветы улыбающейся девушке.

(3) Он передал мне полученную программу.

(4) Он вернул в библиотеку прочитанную книгу.

(5) Мы сидим в летящем вертолёте.

(6) Читающий книгу мальчик в библиотеке — это мой сын.

(7) Таня — это моя любимая русская девушка.

(8) Читаемая мальчиком книга — это рассказ Чехова.

(9) Я часто пишу письмо моему другу, живущему в Москве.

(10) Я очень люблю девушку, любящую природу.

13.3.3. 형동사구와 한정 종속문

형동사구는 그 구조적 특성상 복문구조를 하고 있기 때문에 접속어 котóрый를 가진 한정 종속문과 밀접한 관련이 있다. 형동사구를 котóрый를 가진 한정 종속문으로 바꾸는 방법은 능동 형동사 구문을 바꾸는 방법과 피동 형동사 구문을 바꾸는 두 가지 방법으로 구분할 수 있다.

13.3.3.1. 형동사 구문을 한정 종속문으로 교체하는 방법

13.3.3.1.1. 능동 형동사 구문을 한정 종속문으로 교체하는 방법

능동 형동사 구문을 접속어 котóрый를 가진 한정 종속문으로 바꿀 때 접속어 котóрый는 문장의 주체적인 의미를 가지고 종속문에서 주격으로 된 주어가 된다.

예를 들어, Мой друг, живýщий в Москвé чáсто пи́шет мне письмó. '모스끄바에 살고 있는 나의 친구는 나에게 편지를 종종 쓴다.'에서 형동사구인 мой друг, живýщий в Москвé '모스끄바에 살고 있는 나의 친구' 부분은 «내 친구가 있는데 그 친구는 모스끄바에 살고 있다»는 말이다. 이 부분을 한정 종속문으로 바꾸면 «мой друг, котóрый живёт в Москвé»로 된다.

이 과정을 설명하면 다음과 같다.

첫째, 접속어 котóрый는 선행사와 성과 수가 일치하고 격은 종속문에서 어떤 역할을 하느냐에 따라 결정된다. 위에서 예를 든 문장의 선행사는 друг이다. 즉 남성단수다. 격은 주체의 의미를 가진 주격이 된다. 그래서 상기의 예문은 남성 단수 주격형이 되는 것이다.

둘째, 동사 인칭형을 만들어야 하는데, 선행사가 남성 단수주격이고 능동 형동사 현재이니까 현재시제가 되고, 따라서 상기 예문에서는 живёт으로 된다. 이 모든 과정을 거쳐서 아래 문장으로 교체된다.

Мой друг, живýщий в Москвé, чáсто пи́шет мне письмó.

'모스끄바에 살고 있는 나의 친구가 나에게 편지를 자주 쓴다.'

→ Мой друг, кото́рый живёт в Москве́, ча́сто пи́шет мне письмо́.

이번에는 Моя́ подру́га, жи́вшая в Санкт-Петербу́рге, о́чень краси́вая. '상뜨-뻬쩨르부르그에 살고 있고 있었던 나의 여자 친구는 정말 이쁘다.' 라는 문장을 한정 종속문으로 교체하여 보자.

☞ 위의 문장에서는 능동 형동사 과거형을 사용하고 있다. 위에서 제시한 순서대로 해 보자.

첫째, 성과 수는 선행사 моя́ подру́га에 일치되어야 하니까 여성단수다. 그리고 кото́рый로 표현될 종속문에서 격은 주격이다. 능동 형동사는 문장에서 주체적인 의미로 사용되니까 항상 주격으로 된다. 그래서 여성 단수주격, 즉 кото́рая로 된다.

둘째, 능동 형동사 과거이니까 시제는 과거로 되어야 하고, 때문에 여성명사 과거 접미사 형태 ла를 사용하여 жи́ла로 된다. 그래서 위의 문장은 아래의 문장으로 교체될 수 있다.

→ Моя́ подру́га, кото́рая жи́ла в Санкт-Петербу́рге, о́чень краси́вая.

13.3.3.1.2. 피동 형동사 구문을 한정 종속문으로 교체하는 방법

피동 형동사 구문을 кото́рый를 가진 한정 종속문으로 교체하는 과정은 피동 형동사 현재구문을 한정 종속문으로 교체하는 과정과 피동 형동사 과거구문을 한정 종속문으로 교체하는 과정으로 구분할 수 있다.

먼저, 피동 형동사 현재구문을 한정 종속문으로 교체하는 과정을 살펴보자.

Де́вушка, люби́мая людьми́, о́чень до́брая и краси́вая.
'사람들에 의하여 사랑을 받는 아가씨는 매우 착하고 이쁘다.'

피동 형동사 구문을 한정 종속문으로 교체하는 방법은 두 가지다. 피동 형동사 구

문, 즉 피동문을 그대로 유지하는 방법과 피동문을 능동문으로 교체하는 방법이다.

첫째, 피동문을 그대로 유지하면 접속어 котóрый는 주격으로 되고, 술어는 피동 형동사 단어미를 사용해야 한다.

→ Дéвушка, **котóрая люби́ма людьми́**, óчень дóбрая и краси́вая.

☞ 피동 형동사는 장어미로 명사를 수식할 수도 있지만, 단어미로 피동문의 술어가 될 수도 있다. 예를 들어, любимая девушка '사랑스러운 아가씨'도 되지만 девушка любима '아가씨는 사랑스럽다.' 도 된다. 피동 형동사 단어미 조성법은 예를 들어, 피동 형동사 현재형 любимый에서 어미 -ый를 제거하면 피동 형동사 단어미 남성형이 되고, 여성형은 любима, 그리고 복수는 любимы로 된다.

둘째, 피동문을 능동문으로 바꾸는 방법은 첫째 방법보다 좀 복잡하다. 피동문의 조격보어는 피동문의 주체가 되는데 이를 능동문의 주체로 바꾸어야 하기 때문에 먼저 조격보어가 주격주어로 되어야 한다. 그래서 위의 예문에서 людьми́가 лю́ди로 된다. 다음으로 술어를 주격주어에 일치하는 인칭형으로 바꾸어야 한다. 위의 경우에는 주격주어가 лю́ди이니까 술어가 복수 3인칭 현재로 되어 лю́бят으로 된다. 마지막으로 котóрый를 종속문의 술어의 보어로 만들어야 한다. 위의 예문에서는 술어 лю́бят의 보어로 되어 여성(дéвушка) 단수 대격형으로 되어 결국 котóрую로 된다. котóрый 형태는 성과 수는 선행사에 의하여 결정되고 격은 종속문의 역할에 따라 정해진다고 했다. 이 문장의 경우에는 선행사인 дéвушка, 즉 여성단수이지만, 격은 종속문의 역할에 따라 결정되는데 лю́бят의 보어로 되어 여성 단수 대격으로 된다.

이 모든 과정을 다시 정리하면 다음과 같다.

1) 피동문의 조격보어를 주격주어로 바꾸시오.
2) 술어를 주격주어에 일치하는 인칭형으로 바꾸시오.
3) котóрый를 종속문의 역할에 따라 알맞은 형태로 바꾸시오.

그래서 위의 문장은 아래 문장으로 바뀌게 된다.

→ Дéвушка, котóрую лю́бят лю́ди, óчень дóбрая и краси́вая.

이번에는 피동 형동사 과거를 사용한 아래 문장을 한정 종속문으로 교체하는 과정을 살펴보자.

Мáльчик, увлечённый игрóй, не замéтил нас.
'게임에 푹 빠진 소년은 우리를 눈치채지 못했다.'

이것도 피동 형동사 구문을 그대로 유지하는 경우와 피동구문을 능동구문으로 교체하는 두 가지 방법이 있다.

첫째, 피동문을 그대로 유지하면, **котóрый**는 주격으로 되고, 술어는 피동 형동사 단어미를 사용한다. 그리고 시제는 **быть**의 과거형 **был**을 사용하여 다음과 같이 된다.

→ **Мáльчик, котóрый был увлечён игрóй, не замéтил нас.**

☞ 피동형동사 **увлечённый**의 단어미는 남성형 **увлечён**, 여성형 **увлечена**, 중성형 **увлечено**, 복수 **увлечены** 등이 있다.

둘째, 피동문을 능동문으로 바꾸면 조격보어로 되어 있는 **игрóй**가 주격주어가 되어 **игрá**로 되고, 술어는 여성 과거형으로 되어 **увлеклá**로 되고 **котóрый**형태는 문장에서 보어의 역할을 하니까 **уклеклá**의 남성 단수대격으로 되어 **котóрого**로 된다. 선행사가 **мáльчик**으로 남성단수로 되고, 격은 **уклеклá**의 보어로 되어 결국 **котóрый** 형태는 남성 단수대격으로 된다. 이 모든 과정을 거쳐서 아래 문장으로 교체된다.

→ **Мáльчик, котóрого увлеклá игрá, не замéтил нас.**

☞ 초급문법 학습자에게 형동사를 한정 종속문으로 교체하는 것은 어렵게 어려질 수 있다. 어렵게 여겨지면 단계별로 익히면 된다. «천리길로 한걸음부터»라는 우리 속담과 같이 이해되는 부분부터 한 단계식 익히면 언젠가는 모든 것이 통하는 시기가 올 것이다. 러시아어 문법에서 형동사 구문을 **который**를 가진 한정 종속문으로 교체하는 것이 가장 정상에 있다는 점을 생각하면서 위로 받기 바란다.

연습문제 6 다음 형동사 구문를 который를 가진 한정 종속문으로 바꾸시오.

(1) Моя подруга, живущая в Москве, часто пишет мне письмо.
(2) Я смотрю на облака, плывущие по голубокому небу.
(3) Дом, стоящий на берегу моря, находится близко от Черного моря.
(4) Он передал мне письмо, лежавшее на столе.
(5) Я знаю студента, занимающегося русским языком.
(6) Студент, написавший упражнение, начал переводить текст.
(7) Студент, подготовившийся к экзамену, сдал экзамен.
(8) Студенты, сдавшие экзамены, уже уехали в дом отдыха.
(9) Я отвечаю на письма, получаемые от брата.
(10) Вопрос, обсуждаемый нами на семинаре, очень важен.

13.3.3.2. 한정 종속문을 형동사 구문으로 교체하는 방법

이번에는 반대로 접속어 кото́рый를 가진 한정 종속문을 형동사 구문으로 교체하는 방법을 살펴보자. 교체의 순서는 다음의 방법으로 이루어진다.

첫째, кото́рый를 가진 한정 종속문의 술어가 피동 형동사 단어미가 아닌 인칭형이면서 кото́рый가 주격 주어이면 능동 형동사이다. 이해를 쉽게 하기 위하여 위에서 예를 든 문장을 그대로 사용한다. 한정 종속문 «Мой друг, кото́рый живёт в Москве́, ча́сто пи́шет мне письмо́»를 살펴보면 이 문장 속에 있는 «кото́рый живёт в Москве́»에서 кото́рый는 живёт의 주어이면서 주격이다. 그래서 이 종속문을 형동사로 교체하면 능동 형동사로 교체된다. 시제는 живёт으로 현재시제이다. 그러므로 능동 형동사 현재다. 이러한 분석이 완료되면 이 동사를 가지고 능동 형동사 현재의 기본형을 만들어야 한다. 그래서 만들어진 것이 живу́щий다. 이제 선행사와 성, 수, 격이 일치되면 된다. 위의 예문에서 선행사는 мой друг이고 이것은 문장에서 남성 단수로 주어의 역할을 하니까 남성 단수 주격이고, 그래서 живу́щий를 그대로 사용하면 된다. 그래서 «Мой друг, кото́рый живёт в Москве́, ча́сто пи́шет мне письмо́»를 형동사 구문으로 바꾸면 «Мой друг, живу́щий в Москве́, ча́сто пи́шет мне письмо́»로 된다.

이번에는 «Моя́ подру́га, кото́рая жи́ла в Санк-Петербу́рге, о́чень краси́вая»를 형동사 구문으로 교체하는 방법을 살펴보자.

이 문장 속에 있는 한정 종속문 «кото́рая жи́ла в Санк-Петербу́рге»에서 кото́рая는 문장에서 жи́ла의 주어의 역할을 한다. 문장에서 주격 주어의 역할을 한다는 말은 문장에서 '능동적'이라는 말과 동일하다. 그래서 접속어를 포함하는 동사가 능동 형동사로 교체될 수 있다는 말이 된다. 시제가 과거이니까 능동 형동사 과거형을 만들면 жи́вший가 되고 여성 단수 주격형태의 선행사와 성, 수, 격이 일치되어야 하니까 선행사 подру́га는 여성 단수 주격이다. 그래서 이 형태에 맞는 жи́вшая가 되어야 한다. 그래서 «Моя́ подру́га, кото́рая жи́ла в Санк-Петербу́рге, о́чень краси́вая»를 형동사 구문으로 교체하면 «Моя́ подру́га, жи́вшая в Санк-Петербу́рге, о́чень краси́вая»로 된다.

이번에는 문장 «Де́вушка, кото́рую лю́бят лю́ди, о́чень до́брая и краси́вая»를 형동사로 교체하는 방법을 살펴보자.

이 문장을 보면 종속절에 주어 лю́ди가 있으니 кото́рую는 주어가 될 수 없고, 이것은 лю́бят의 보어이다. 이런 종속문은 피동문으로 교체된다. 시제는 현재이기 때문에 일단 피동 형동사 현재형 люби́мый를 만들어야 한다. 그리고 여성 단수 주격인 선행사 де́вушка와 성수격이 일치되어야 하기에 люби́мая로 된다. 피동 형동사 뒤에는 반드시 이 피동을 수행하는 주체를 넣어야 하는데 러시아어에서 조격 보어로 표현된다. 그래서 лю́ди의 조격은 людьми́다. 이러한 과정을 거쳐서 문장 «Де́вушка, кото́рую лю́бят лю́ди, о́чень до́брая и краси́вая»가 피동형동사 구문 «Де́вушка, люби́мая людьми́, о́чень до́брая и краси́вая»로 된다.

마지막으로 «Ма́льчик, кото́рый был увлечён игро́й, не заме́тил нас»를 형동사 구문으로 교체하는 방법을 살펴보자.

이 문장을 살펴보면 «котóрый был увлечён игрóй»의 술어가 피동 형동사 단어미로 되어 있다. 그러면 이 문장은 피동문이라는 말이다. 이 경우에는 피동 형동사 단어미로 되어 있는 것을 피동 형동사로 교체하고 선행사와 성수격을 일치시키면 된다. 그렇게 해서 문장 «Мáльчик, котóрый был увлечён игрóй, не замéтил нас»는 «Мáльчик, увлечённый игрóй, не замéтил нас»로 된다.

연습문제 7 다음 который를 가진 한정 종속문을 형동사 구문으로 바꾸시오.

(1) Моя подруга, которая живёт в Москве, часто пишет мне письмо.
(2) Я смотрю на облака, которые плывут по голубокому небу.
(3) Дом, который стоит на берегу моря, находится близко от Черного моря.
(4) Он передал мне письмо, которое лежит на столе.
(5) Я знаю студента, который занимается русским языком.
(6) Студент, который написал упражнение, начал переводить текст.
(7) Студент, который подготовился к экзамену, сдал экзамен.
(8) Студенты, которые сдали экзамены, уже уехали в дом отдыха.
(9) Я отвечаю на письма, которые получаю от брата.
(10) Вопрос, который мы обсуждали на семинаре, очень важен.

Word Study 13. 러시아 식사

레스토랑에서 먹는 정식 식사순서로는 전채요리, 메인메뉴를 먹기 전에 먹는 첫 번째 코스요리(первое блюдо), 메인요리(второе блюдо) 그리고 메인요리 뒤에 먹는 후식요리(третье блюдо)로 구분된다. 러시아어로 식사명칭을 잘 익혀서 기회가 되면 러시아 레스토랑에서 러시아어로 음식을 주문할 수 있게 되기를 바란다.

за́втрак '아침식사', обе́д '점심식사', у́жин '저녁식사'

закýска **'전채요리'**:

салáт из помидóров '토마토 샐러드',
салáт с крáбами '게 샐러드', салáт из огурцóв '오이 샐러드'

пéрвое блю́до **'첫 번째 코스요리'**:

бульóн '맑은 수프', грибнóй суп '버섯수프', борщ '보르시',
кáша '우유 죽', щи '야채 수프'

вторóе блю́до **'메인요리'**:

котлéты '커틀렛', шашлы́к '샤슬릭', бифштéкс '비프스테이크',
стейк из лосóся '연어 스테이크'

трéтье блю́до **'후식요리'**:

кисéль '젤리', блины́ '블린', пирóг '파이', морóженое '아이스크림',
бутербрóд '샌드위치', компóт '설탕에 절인 과일',
чай с лимóном '레몬을 넣은 차', торт '케이크'

기타 음식용어:

вóдка '보드카', винó '와인', конья́к '코냑', пи́во '맥주', коктéйль '칵테일',
минерáльная водá '생수', газирóванная вода '탄산수', спрайт '사이다',
фáнта '환타', кóла '콜라', сок '쥬스', кóфе '커피', чай '차', кýхня '요리',
салáт '샐러드', сыр '치즈', ры́ба '생선', пирóг '파이', хлеб '빵'

제 14 장
부동사

부동사는 부사와 동사의 기능을 동시에 수행하는 특수한 문법형태이다. 부동사에는 상황절의 행위와 주절의 본 동사의 행위가 동시에 발생하는 것을 나타내는 불완료상 부동사와 상황절의 행위가 주절의 본 동사의 행위보다 먼저 발생한 것을 나타내는 완료상 부동사가 있다. 부동사는 스스로 시간을 표현하지 않고 부동사의 시제는 본 동사의 시제에 의하여 결정된다.

14.1. 부동사의 종류

부동사는 불완료상 부동사와 완료상 부동사로 나누어진다. 먼저 각 형태가 한국어의 어떤 의미로 사용되는지 살펴보자.

14.1.1. 불완료상 부동사

불완료상 부동사는 상황절의 행위와 주절의 본 동사의 행위가 동시에 발생하는 것을 나타내기 때문에 한국어로 '~하면서'의 의미를 나타낸다.

чита́я '읽으면서'
слы́ша '들으면서'
понима́я '이해하면서'
занима́ясь '일하면서'

14.1.2. 완료상 부동사

완료상 부동사는 상황절의 행위가 주절의 본 동사의 행위보다 먼저 발생한 것을 나타내기 때문에 한국어로 '~하고 나서'의 의미를 나타낸다.

прочита́в 또는 прочита́вши '다 읽고나서'
откры́в 또는 откры́вши '열고 나서'
поня́в 또는 поня́вши '이해하고 나서'
услы́шав 또는 услы́шавши '듣고 나서'

14.2. 부동사 조성법

14.2.1. 불완료상 부동사 조성법

불완료상 부동사는 불완료상 현재시제 어간에 접미사 -а(я)를 가지고 만들어진다.

читай+ут: читай + а → чита́я '읽으면서'
нес+ут: нес + я → неся́ '운반하면서'
слыш+ат: слыш + а → слы́ша '들으면서'

어근 да-, зна-, ста- 뒤에 접미사 -ва-를 가진 동사는 예외적으로 동사원형 어간에서부터 만들어진다.

дава-ть → дава́я '주면서'
встава-ть → встава́я '일어서면서'

☞ 불완료상 부동사로서 접미사 -учи(-ючи)를 가진 고어형이 있다. 현대 러시아어에서는 동사 быть의 부동사인 будучи만 사용된다.

연습문제 1 다음 동사를 가지고 불완료상 부동사를 만드시오.

(1) понимать	(2) работать
(3) читать	(4) слышать
(5) заниматься	(6) давать
(7) признавать	(8) жить
(9) быть	(10) идти

14.2.2. 완료상 부동사 조성법

완료상 부동사는 동사원형 어간 또는 과거시제 어간에서부터 접미사 -в 또는 드물게 -вши(모음 위에), -ши(자음 뒤에)를 가지고 만들어진다.

прочита-ть: прочита-л → прочита-в 또는 прочита́-вши
откры-ть: откры-л → откры-в 또는 откры́-вши

☞ встретиться와 같이 -ся를 가진 재귀동사의 부동사는 반드시 접미사 -вши-를 가지고 뒤에 -сь를 가진다. встретиться → встретившись, вернуться → вернувшись

연습문제 2 다음 동사를 가지고 완료상 부동사를 만드시오.

(1) прочитать	(2) написать
(3) дать	(4) понять
(5) признать	(6) изучить
(7) сказать	(8) увидеть
(9) услышать	(10) прийти

14.3. 부동사 구문

14.3.1. 부동사의 동사적 특성과 부사적 특성

부동사는 형용사와 부사의 기능을 동시에 수행하는 특수한 문법형태라고 했다. 그래서 부동사는 부사와 같이 성, 수, 격 변화를 하지 않고 문장에서 상황어로 된다.

Читáя кнúгу, он смóтрит на окнó. '책을 읽으면서 그는 창을 바라본다.'

Прочитáв кнúгу, он пошёл домóй. '책을 읽고난 후 그는 집으로 떠났다.'

Он говорúл, **волнýясь.** '그는 흥분하면서 말했다.'

뿐만 아니라 부동사는 동사와 같이 타동사의 성질과 자동사의 성질을 구분한다. 예를 들어 타동사 читáть, любúть에서 만들어진 부동사는 타동사의 성질을 지니고 보어를 가질 수 있다.

Читáя кнúгу, он сидéл в садý. '책을 읽으면서 그는 정원에 앉아 있었다.'

그리고 자동사 сидéть, отдыхáть에서 만들어진 부동사는 자동사의 성질을 가진다.

Сúдя на крéсле, он смотрéл на окнó. '안락의자에 앉아서 그는 창을 바라보았다.'

그리고 부동사는 동사와 동일한 격을 요구하고 동사의 상이 보존된다.

Интересýясь мýзыкой, он чáсто слýшает мýзыку. '음악에 흥미를 가지고 있어서 그는 자주 음악을 듣는다.'

Занимáясь рýсским языкóм, он занимáется и англúйским языкóм. '그는 러시아어를 공부하면서 영어도 공부한다.'

Добúвшись успéха, он жил распýтно. '성공을 달성한 후 그는 방탕하게 살았다.'

Закóнчив рабóту, он шёл гулять в парк. '일을 마치고 그는 공원으로 산책하러 갔다.'

14.3.2. 부동사구

부동사는 문장성분으로 볼 때 보어 또는 상황어를 자신의 종속어로 가질 수 있다. 이와 같이 부동사가 자신에 종속어를 가지고 있으면 부동사구라고 한다.

Закóнчив рабóту, он уéхал. '일을 마치고 그는 떠났다.'

Лю́ди бесéдовали, **си́дя вокру́г стола́**. '사람들은 테이블 주위에 앉아서 대화를 나누었다.'

14.3.3. 부동사와 부사절

부동사구를 문장의 의미에 따라 시간, 원인, 조건 등의 부사절로 교체될 수 있고, 반대로 그와 같은 의미의 부사절도 부동사로 교체될 수 있다.

14.3.3.1. 부동사구를 부사절로 교체하는 방법

부동사구를 부사절로 교체하는 방법은 다음의 방법으로 된다.

첫째, 부동사 구문의 의미에 맞는 부사절로 교체시킬 것.

둘째, 알맞은 접속어를 선택한 후 주절의 주어를 접속어 다음에 쓸 것.

셋째, 주절의 시제에 따라 동일한 시제의 동사로 변형시킬 것.

Возвращáясь с собрáния, мы продолжáли обсуждáть э́тот вопрóс.

'회의에서 돌아왔을 때 우리는 계속해서 이 문제를 논의하였다.'

☞ 위의 부동사 구문은 내용상 시간의 부사절 «회의에서 돌아왔을 때»로 고칠 수 있다. 이 의미의 접속어로 когда를 사용하고 주절의 시제가 과거이니까 부사절의 시제도 과거시제로 일치시킨다. 그래서 아래의 문장으로 교체될 수 있다.

→ **Когдá мы возвращáлись с собрáния,** мы продолжáли обсуждáть этот вопрос.

Почу́вствовав себя́ ли́шним, он ушёл. '그는 자신을 쓸모 없는 사람으로 여겼기 때문에 그는 떠났다.'

☞ 위의 부동사 구문은 내용상 원인의 부사절 «자신을 쓸모 없는 사람으로 여겼기 때문에»로 고칠 수 있다. 이 의미의 접속어로 потому что를 사용하고 주절의 시제가 과거이니까 부사절의 시제도 과거시제로 일치시킨다. 그래서 아래의 문장으로 교체될 수 있다.

→ Он ушёл, **потому́ что он почу́вствовал себя́ ли́шним.**

Зна́я ваш а́дрес, он обяза́тельно написа́л бы вам. '당신의 주소를 알았더라면 그는 반드시 당신에게 편지를 썼을텐데.'

☞ 위의 부동사 구문은 내용상 조건의 부사절 «당신의 주소를 알았더라면»로 고칠 수 있다. 주절에 조건법 소사 бы를 통해서도 조건의 부사절임을알 수 있다. 이 의미의 접속어로 если бы를 사용하고 주절의 시제가 과거이니까 부사절의 시제도 과거시제로 일치시킨다. 그래서 아래의 문장으로 교체될 수 있다.

→ **Если бы он зна́л ваш а́дрес,** он обяза́тельно написа́л бы вам.

연습문제 3 다음 부동사 구문을 부사절로 교체하시오.

(1) Читая письмо, он думал о своей подруге.
(2) Прочитав текст, мы начали учить новые слова.
(3) Работая, они молчали.
(4) Отдохнув, он собирался уходить.
(5) Не понимая вопросов, он не мог отвечать правильно.
(6) Почувствовав себя лишним, он ушёл.
(7) Зная ваш адрес, он обязательно написал бы вам.
(8) Пообещав приехать, он обязательно приедет.
(9) Не понимая вопросов, студент не мог отвечать правильно.
(10) Сдавая экзамен, студенты волновались.

14.3.3.2. 부사절을 부동사구로 교체하는 방법

부사절을 부동사구로 교체하는 방법은 다음의 방법으로 된다.

첫째, 부사절의 접속어를 제거하시오.

둘째, 부사절의 술어동사는 동일한 상의 부동사로 교체하시오.

셋째, 부사절에 주어가 있으면 그 주어는 제거하고 부사절의 주어를 주절의 주어로 바꾸시오.

Я не мог приéхать к вам, **потомý что не знáл вáшего áдреса.**

'나는 당신의 주소를 몰랐기 때문에 당신을 도와줄 수 없었다.'

☞ 접속어 потому что를 제거하고 знал이 불완료상 동사이기 때문에 불완료상 부동사 зная로 바꾸고 이 문장의 경우에는 부동사구가 문장의 앞에 와야 한다.

→ **Не знáя вáшего áдреса,** я не мог приéхать к вам.

Когдá мой друг окóнчил университéт, он поступи́л в хорóшую фи́рму.

'내 친구는 대학을 졸업하고 좋은 회사에 취업했다.'

☞ 접속어 когда와 부사절의 주어 мой друг을 제거하고 окончил이 완료상 동사이기 때문에 완료상 부동사 окончив으로 바꾸고, 주절의 주어 он는 부사절의 мой друг을 대신하는 것이기 때문에 이것으로 바꾸어야 한다.

→ **Окóнчив университéт,** мой друг поступи́л в хорóшую фи́рму.

Если я вернýсь порáньше, я смогý зайти́ к тебé. '내가 좀 더 일찍 돌아갔더라면 너에게 들를 수 있었을거다.'

☞ 접속어 если와 부사절의 주어 я를 제거하고 вернусь가 완료상 동사이기 때문에 완료상 부동사 вернувшись로 바꾸어야 한다.

→ **Вернýвшись порáньше,** я смогý зайти́ к тебé.

연습문제 4 다음 부사절을 부동사 구문으로 교체하시오.

(1) Когда он читал письмо, он думал о своей подруге.

(2) Когда мы прочитали, мы начали учить новые слова.

(3) Когда они работали, они молчали.

(4) Когда он отдохнул, он собирался уходить.

(5) Он не мог отвечать правильно, так как не понимал вопросов.

(6) Он ушёл, потому что почувствовал себя лишним.

(7) Если бы он знал ваш адрес, он обязательно написал бы вам.

(8) Если он пообещал приехать, он обязательно приедет.

(9) Студент не мог отвечать правильно, так как не понимал вопросов.

(10) Когда студенты сдавали экзамен, они волновались.

Word Study 14. 주거/거실

주거와 거실은 우리의 생활과 매우 밀접한 공간이다. 이곳에서 사용되는 러시아어가 어떤 것이 있는지 알아보자.

стенá	벽	**окнó**	창	**дверь**	문
гарáж	차고	**пол**	마루	**потолóк**	천장
столóвая	식당	**вáнная**	욕실	**гости́ная**	거실
туалéт	화장실	**кровáть**	침대	**одеяло**	이불
лáмпа	램프	**дивáн**	소파	**ковёр**	양탄자
крéсло	안락의자	**буди́льник**	자명종	**кни́жная пóлка**	책장

제 15 장

문장의 종류

러시아어에서 문장의 종류는 인칭문, 불확정 인칭문, 보편 인칭문, 무인칭문, 명사문, 불완전문 등으로 구분된다.

15.1. 인칭문

문장에서 주어와 술어의 두 성분이 있는 모든 이항성분 문장은 인칭문이고, 그리고 술어에 의하여 주어를 알 수 있는 일항성분 문장도 인칭문이다:

Мой друг рабóтает в óфисе. '내 친구는 사무실에서 일한다.'

☞ 주어 мой друг과 술어 работает가 모두 있다. 이런 문장을 이항성분 문장이라 한다.

Идý в шкóлу. '학교에 간다.'

☞ 이 문장은 주어가 없지만 иду를 통하여 주어가 я임을 알 수 있다. 문장성분으로는 술어만 있는 일항성분 문장이지만 이런 문장도 인칭문이다.

Вставáйте порáньше. '좀 더 일찍 일어나시오.'

☞ 명령문으로 술어만 있는 일항성분 문장이지만 상대방 вы에게 하는 말인줄 알 수 있다. 이러한 일항성분 문장도 인칭문이다.

15.2. 불확정 인칭문

불확정 인칭문은 주어가 없고 술어는 불확정 행위자에 의하여 수행되는 행위를 표시한다. 불확정 인칭문은 사실과 사건에만 관심을 기울일 때 사용되고, 행위자가 누구인지에 대해서는 알려져 있지 않든지 언급되어 있지 않다. 일반적으로 불확정 인칭문은 불확정한 다수에 의하여 이루어진 행위에 대하여 언급할 때 사용한다. 불확정 인칭문의 술어가 현재시제나 미래시제 동사로 표현되면, 동사는 항상 복수 3인칭형으로 된다. 만약 시제가 과거시제라면 복수형으로 된다.

В по́ле **убира́ют** урожа́й.'들판에서 수확을 거두어들인다.'

Его́ **посыла́ют** в командиро́вку. '그를 출장보낸다.'

Его́ **посла́ли** в командиро́вку.'그를 출장보냈다.'

В магази́н **привезли́** но́вые **кни́ги.**'상점으로 새 책을 반입해 왔다.'

15.3. 보편 인칭문

술어가 온갖 임의의 사람에 의하여 수행되는 행위를 표시하는 문장을 보편 인칭문이라고 한다. 주로 격언이나 속담 등에서 자주 사용된다. 보편 인칭문의 술어는 일반적으로 단수 2인칭 동사, 명령법 동사, 복수 3인칭, 복수 1인칭 등 다양하게 표현된다.

Что **посе́ешь**, то и **пожнёшь**. '뿌린 자가 거두는 법이다.' (속담)

Век **живи́**, век **учи́сь**. '배움에는 끝이 없는 법이다.' (속담)

В лес дров **не во́зят**. '숲 속으로 장작을 가지고 가지 않는 법이다.' (속담)

Что **име́ем** — не храни́м, потеря́вши — **пла́чем**. '가지고 있는 것을 보관하지 않으면 잃고 나면 후회한다.'

15.4. 무인칭문

무인칭문은 주어가 없거나 주어를 둘 수 없는 술어를 가진 문장을 말한다. 러시아어에서 무인칭은 자연의 힘이나 자연현상을 묘사하는 것, 심리적인 것, 의무, 불가능, 가능, 소망, 명령 등을 표현할 때 사용한다. 무인칭문의 술어는 무인칭 동사, 무인칭 의미의 인칭동사, 서술부사, 피동 형동사 단어미, 술어의 역할을 하는 동사원형, 술어의 역할을 하는 нет, не было, не будет 등이 있다.

무인칭 동사:

Светáет. '날이 밝아온다.'

Вечерéет. '저녁 때가 되다.'

무인칭 의미의 인칭동사:

Здесь **дýет.** '이곳은 바람이 분다.'

В лесý **темнéет.** '숲이 어두워지고 있다.'

서술부사:

Мне **скýчно.** '나는 지루하다.'

Сегóдня **хорошó.** '오늘은 기분이 좋다.'

Вчерá **бы́ло теплó.** '어제는 따뜻했다.'

피동 형동사 단어미:

Об э́том нигдé не **напи́сано.** '이것에 관하여 어디에도 쓰여져 있지 않다.'

Решенó начáть рабóту зáвтра. '내일 일을 시작하기로 결정되었다.'

동사원형:

Что нам **дéлать**? '우리는 무엇을 할 수 있지요?'

Кудá нам **идти́**? '우리는 어디로 갈 수 있지요?'

술어의 역할을 하는 нет, не́ было, не бу́дет

Меня́ **нет** до́ма. '나는 집에 없다.'

Вчера́ меня́ **не́ было** до́ма. '어제 나는 집에 없었다.'

За́втра меня́ **не бу́дет** до́ма. '내일 나는 집에 없을 것이다.'

15.5. 명사문

단지 하나의 주성분인 주어만 있는 문장을 명사문이라고 한다. 명사문에서는 대상들과 현상이 명명되어 있을 뿐이다. 이들이 존재한다는 것 외에는 아무 것도 언급되어 있지 않다:

Вот и лес. Тень и тишина́. '자 여기에 숲도 있다. 그늘과 고요함이 있다.'

И дождь и ве́тер. Ночь темна́. '비도 오고, 바람도 분다. 밤은 어둡다.'

По́здняя о́сень. Грачи́ улете́ли. '늦가을이다. 갈가마귀들이 떠났다.'

15.6. 불완전문

문장의 어떤 성분이 생략되어 있지만, 이들이 이전 문장을 통하여 쉽게 알 수 있는 문장을 불완전문이라고 한다. 특히 구어체(대화체)에서 문장성분이 자주 생략된다:

Где у́чится ваш брат? '당신의 형제는 어디서 공부하나요?'

— **Мой брат** у́чится **в университе́те**. '제 형제는 대학에서 공부합니다.'

— **А сестра́ где**? '그런데 누이 동생은요?'

— **Сестра́ в шко́ле**. '누이 동생은 학교에서 공부합니다.'

☞ 첫 번째 문장의 질문과 대답은 완전문이다. 이 문장 속에서는 문장의 모든 성분이 다 들어 있다. 두 번째 문장의 질문과 대답은 불완전문이다. 이 문장에는 술어(**учится**)가 생략되었다.

Word Study 15. 스포츠

스포츠 전문용어는 영어에서 차용된 것이 압도적으로 많다. 아래의 어원을 참고하면서 익히시오.

футбóл	축구	баскетбóл	농구	волейбóл	배구
бейсбóл	야구	гандбóл	핸드볼	тéннис	테니스
бадминтóн	배드민턴	дзюдó	유도	бег	달리기
бóулинг	볼링	плáвание	수영	гольф	골프
рéгби	럭비	бокс	권투	сáмбо	삼보
пинг-пóнг	탁구	бильярд	당구	бобслéй	봅슬레이

영어 football → футбол, 영어 basket-ball → басектбол, 영어 volley-ball → болейбол, 영어 base-ball → бейсбол, 영어 hand-ball → гандбол, 영어 tennis → теннис, 영어 Badminton → бадминтон, 일어 柔道 → дзюдо, 영어 bowling → боулинг, 영어 golf → гольф, 영어 rugby → Регби, 영어 box → бокс, 스페인어 zambo → самбо, 영어 ping-pong → пинг-понг, 불어 billiard → бильярд, 영어 bob-sleign → бобслей.

제 16 장

병립복문

병립복문에는 문장의 동종성분을 연결하는 동일한 접속사들이 사용된다. 이 접속사들을 병립 접속사라고 한다. 병립 접속사는 결합 접속사, 반의 접속사, 분리 접속사 등의 세 그룹으로 나누어진다.

16.1. 결합 접속사에 의한 병립복문

결합 접속사에 의한 병립복문은 결합 접속사 **и**, **да**, **ни — ни** 등에 의하여 이루어지는데, 접속사 **и**는 동시 발생 행위, 순차적 발생 행위, 원인과 결과 등을 나타내고, 접속사 **да**는 접속사 **и**와 동일한 의미를 가지지만 동시 발생 행위만 나타내고, 그리고 접속사 **ни — ни**는 부정을 강조하고 부정문을 결합하는 경우에 사용된다.

И дождь идёт, и вéтер дýет. '비도 오고 바람도 분다.'

☞ 동시 발생 행위는 불완료상 동사로 결합되어 있다.

Он вошёл в кóмнату и увúдел на столé письмó. '그가 방 안으로 들어가서 테이블 위에 편지를 보았다.'

☞ 순차적 발생 행위는 완료상 동사로 결합되어 있다.

Тает снег, и с гор бегут ручьи. '눈이 녹아서 산에서 시냇물이 흐른다.'

Он силён, да ещё и умён. '그는 힘이 세고, 게다가 지혜롭기까지 하다.'

Ни я не смотре́л на него́, **ни** он на меня́ не смотре́л. '나도 그를 보지 못했고, 그도 나를 보지 못했다.'

연습문제 1 다음 러시아어 문장을 한국어로 번역하시오.

(1) Светило солнце, и шёл дождь.
(2) Я вошёл в комнату и лёг спать.
(3) Мать тяжело заболела, и он не приехал на работу.
(4) Погода была хорошая, и мы решили поехать за город.
(5) Ни я не послал ему письма, ни он мне не написал.
(6) Ни он не рассказывал о себе, ни мы не расспрашивали его.

16.2. 반의 접속사에 의한 병립복문

반의 접속사에 의한 병립복문은 반의 접속사 но, а, же, да, одна́ко 등에 의하여 이루어지는데, 접속사 но는 두 번째 문장에서 기대되는 내용과 정 반대되는 내용을 나타내는 경우에 사용되고, 접속사 а는 의미상 서로 대조되는 문장을 연결시키는 경우에 사용되고, 접속사 же는 대조될 때 접속사 а와 같이 사용되고, 반의 접속사로 사용되는 да는 접속사 но와 동의어이지만 드물게 사용되고 보통 구어체나 속담 등에서 사용되고, 접속사 одна́ко는 접속사 но의 의미로 사용된다.

Они́ бы́ли там, **но** я их не ви́дел. '그들은 그곳에 있었지만 나는 그들을 보지 못했다.'
У меня́ был биле́т, **но** я не пошёл в теа́тр. '나는 표가 있었다. 그러나 나는 극장에 가지 않았다.'

☞ 위의 두 문장을 보면 첫 번째 문장은 «그들이 그곳에 있었는데 당연히 그들을 보아야 하는데 예상과 달리 보지 못했다는 말이다.» 그리고 두 번째 문장도 «표를 가지고 있었으면 당연히 극장에 가야하는데 예상과는 달리 극장에 가지 않았다는 말이다.» 이런 경우에 접속사 но를 사용한다.

Я студéнт, а онá аспирáнт. '나는 대학생이고, 그는 대학원생이다.'

Мы пошли́ в теáтр, а они́ пошли́ в киó. '우리는 극장에 갔고, 그들은 영화관에 갔다.'

Не я помогáл емý, а он помогáл мне. '내가 그를 도운 것이 아니라, 그가 나를 도왔다.'

☞ 위의 문장을 보면 문장이 구조적으로 대조되어 있다. 첫 번째 문장은 접속사 a의 좌우가 «주어+술어, a 주어+술어» 구조로 대조되어 있고, 두 번째 문장은 «주어+술어+상황어, a 주어+술어+상황어» 구조로 대조되어 있고, 세 번째 문장은 영어의 not A but B 구문인데 «не 주어+술어+보어, a 주어+술어+보어» 구조로 대조되어 있다. 이와 같이 구조적 대조를 이루고 있는 문장에 접속사 a를 사용한다.

Я пойдý, он же остáнется. '나는 떠나지만, 그는 남을거다.'

Бли́зок лóкоть, да не укýсишь. '등잔 밑이 어둡다.' (속담)

Он обещáл зайти́ ко мне, однáко не зашёл. '그는 나에게 들르겠다고 약속했지만 들르지 않았다.'

연습문제 2 다음 러시아어 문장을 한국어로 번역하시오.

(1) На дворе холодно, но в доме тепло.
(2) Все бежали, но я остался.
(3) Учитель читает, а студент слушает.
(4) Раньше он жил в Киеве, а теперь он живёт в Москве.
(5) Он очень торопился, однако опоздал.
(6) Я остаюсь, он же уезжает.

16.3. 분리 접속사에 의한 병립복문

분리 접속사에 의한 병립복문은 분리 접속사 **то — то, и́ли (иль), ли́бо, не то — не то** 등에 의하여 이루어진는데, 접속사 **то — то**는 문장의 행위가 교차되는 그런 문장을 연결시킬 때 사용되고, 접속사 **и́ли**와 **ли́бо**는 어떤 발언이 또 다른 발언을 배제시킬 때 사용되고, 접속사 **не то — не то**는 접속사 **и́ли**와 의미가 유사하지만, 부정확한 뉘앙스를 가지는 경우에 사용된다.

То дождь идёт, **то** проясня́ется. '때로는 비가 내리기도 하고, 때로는 날씨가 맑아지기도 한다.'

Или ты ко мне прие́дешь, **и́ли** я прие́ду к тебе́. '네가 나에게 오든지 아니면 내가 너에게 갈 것이다.'

Либо ты ко мне прие́дешь, **ли́бо** я прие́ду к тебе́. '네가 나에게 오든지 아니면 내가 너에게 갈 것이다.'

Не то ве́тер захло́пнул дверь, **не то** кто́-то вошёл с у́лицы. '때로는 바람이 문을 꽝 닫아버린 것 같기도 했고, 때로는 누군가가 밖에서 들어왔던 것 같기도 했다.'

연습문제 3 다음 러시아어 문장을 한국어로 번역하시오.

(1) То холодно, то жарко.
(2) Он то ел, то пил, то покуривал сигарету.
(3) Или вы понимаете меня, или я понимаю вас.
(4) Либо в отпуск я поеду к вам, либо вы приедете ко мне.
(5) Не то он завидовал ей, не то он сожалел о ней.

Word Study 16 유사 접두사

러시아어에서 어근은 아니지만 어근과 같이 독립된 의미를 가지고, 접사는 아니지만 접사와 유사하게 어근의 전후에 붙어서 새로운 단어를 만드는데 적극적으로 사용되는 유사접사(аффиксоид)들이 있다. 이들은 유사 접두사(префиксоид)와 유사 접미사(суффиксоид)로 구분되는데, 대부분 외래어 차용어에 기원하는 것으로 영어를 학습하는 과정에서 이미 알고 있는 것들이 많고, 러시아어의 어휘력을 향상시키는데 중요한 역할을 한다. 본 장에서는 유사 접두사를 먼저 다루고 다음 장에서는 유사 접미사를 다룰 것이다.

авиа- **'항공의'**: авиáция '항공', авиаинженéр '항공기사'

авто- **'자동차의'**: автóбус '버스', автозавóд '자동차 공장', автогарáж '자동차 차고'

авто- **'자동의'**: автомáтика '자동화 기술장치', автомати́зм '자동적 행위'

авто- **'자기자신의'**: автобиогрáфия '자서전', автогипнóз '자기최면'

агро- **'농학의'**: агронóмия '농학', агропóмощь '농사지도'

аква- **'물의'**: аквáриум '수족관', аквамоби́ль '수중 이동기'

аллерго- **'알레르기의'**: аллерги́я '알레르기', аллерголóгия '알레르기학'

антропо- **'인류의'**: антропологóгия '인류학', антропóлог '인류학자'

астро- **'별의'**: астролóгия '점성술', астрóлог '점성술사', астролёт '우주선'

аэро- **'공기의'**: аэровокзáл '공항 대합실', аэрóбус '항공버스', аэропóрт '공항'

баро- **'기압의'**: баротерапи́я '기압 치료법', барóметр '기압계'

библио- **'서적의'**: библиотéка '도서관', библиофи́л '애서가', библиóграф '문헌학자'

блок- **'봉쇄의'**: блоки́ровать '봉쇄하다', блокирóвка '봉쇄'

вакуум- **'진공의, 공허한'**: вакуумéтр '진공계'

вело- **'자전거의'**: велоспóрт '자전거 스포츠', велодрóм '자전거 경기장'

верто- **'헬리콥터의'**: вертодрóм '헬리콥터 착륙장', вертолёт '헬리콥터'

вибро- **'진동의'**: вибрóграф '진동 기록계', вибрóметр '진동계'

видео- **'비디오의'**: видеотелефóн '비디오 전화', видеоинформáция '비디오 정보'

гелио- **'태양의'**: гелиофи́зика '태양 물리학', гелиохи́мия '태양화학'

гео- **'지구의, 땅의'**: геоботáника '식물 지리학', геóлог '지리학자'

гидро- **'물의'**: гидростáнция '수력 발전소', гидротерапи́я '물치료법'

джаз- **'째즈의'**: джази́ст '째즈 연주자', джаз-оркéстр '째즈 오케스트라'

зоо- **'동물의'**: зоопáрк '동물원', зоóлог '동물학자', зоолóгия '동물학'

иммуно- **'면역의'**: иммунодиагнóстика '면역반응진단법'

кардио- **'심장의'**: кардиогрáмма '심장곡선', кардиóграф '심장 기록계'

кино- **'영화의'**: киномáстер '영화의 거장', кинопоэ́ма '서정영화'

космо- **'우주의'**: космодрóм '우주선 발사장치', космолёт '우주비행',

макро- **'거대한'**: макрокли́мат '광역기후', макроми́р '거시적 세계'

макси- **'최대한'**: мáксимум '최대량', максимали́ст '최대요구주의자'

мега- **'백만 배의'**: мегатóнна '백만톤', мегавóльт '백만볼트'

метео- **'기상의'**: метеоракéта '기상로켓', метеопрогнóз '일기예보'

механо- **'기계의'**: механосбóрочный '기계조립의', механотерапи́я '기계 치료법'

микро- **'미세한'**: микрооргани́зм '微生物, 微小 동물학', микроавтóбус '마이크로버스'

милли- **'천분의 일의'**: миллигрáм '밀리그램', милливóльт '밀리볼트'

моно- **'유일한'**: монотеи́зм '유일신교, 유일신론', монoóпера '모노 오페라'

нарко- **'마약의'**: наркóлог '마약학자', наркомáния '마약중독', наркомáн '마약중독 환자'

невро- **'신경의'**: невропатолóгия '신경 병리학', невропатóлог '신경 병리학자'

нейро- **'신경의'**: нейролóгия, неврол́огия '신경학', нейрóлог, неврóлог '신경학자'

нео- **'새로운'**: неолóгия '신어론', неологи́зм '신어'

орг- **'조직의'**: оргкомитéт '조직 위원회', органи́зм '유기체'

пресс- **'보도의'**: пресс-цéнтр '보도국, 프레스 센터'

пресс- **'압축의'**: пресс-станóк '압축기'

психо- **'정신, 심리의'**: психогенéз '정신 발생학', психоанáлиз '정신 분석학'

сейсмо- **'지진의'**: сейсмóлог '지진학자', сейсмомéтр '지진계'

социо- **'사회의'**: социолóгия '사회학', социóлог '사회학자'

теле- **'원거리의, 원격조작의'**: телеобъекти́в '망원렌즈', телекомáндование '원격지령'

термо- **'열, 온도의'**: термоконтéйнер '보온 콘테이너', термоион '열전자'

техно- **'기술, 공예의'**: технолóгия '과학생산기술', технóлог '과학생산 기술자'

типо- **'인쇄의'**: типогрáфия '활판 인쇄소', типóграф '인쇄 전문가'

траги- **'비극의'**: траги́зм '비극', тра́гик '비극배우'

турбо- **'터빈의'**: турбово́з '터빈 기관차', турбомаши́на '터빈기계'

физио-, физико- **'물리의'**: физиотерапи́я '물리 치료법', физикохи́мия '물리화학'

фоно- **'음의'**: фоне́тика '음성학', фоноло́гия '음운론', фоно́граф '녹음 재생기'

фото- **'사진의'**: фотогра́фия '사진술', фотолюби́тель '사진 애호가'

шеф- **'장, 주임'**: шеф-пило́т '수석 조종사', шеф-по́вар '수석 요리사'

электро- **'전기의'**: электрово́з '전기 기관차', электроста́нция '발전소'

энерго- **'에너지의'**: энергогига́нт '거대 발전소', энергостро́й '발전소 건설'

яхт- **'요트의'**: яхт-клу́б '요트클럽', яхтклу́бовец '요트클럽 회원'

제 17 장
종속복문

병립복문과 달리 종속복문은 주절의 한 성분이 종속절에서 절로 표현되어 있고, 구조적으로 주절의 한 성분에 종속되어 있다고 해서 종속복문이라 한다. 종속복문의 종속절은 접속사 что, чтóбы, как, бýдто, ли, как бы не 등에 의하여 만들어진다.

17.1. 보어적 종속절을 가진 종속복문

보어적 종속절을 가진 종속복문은 주절의 보어가 종속절에서 절로 되어 있고, 접속사 что, чтóбы, как, бýдто (бýдто бы), ли, как бы не 등에 의하여 주절에 연결된다.

17.1.1. 접속사 что

Я принёс то, что ты проси́л. '나는 네가 부탁한 것을 가져왔다.'

☞ 이 문장구조를 보면 대명사로 되어 있는 주절의 보어인 то의 내용이 종속절 «что ты просил»로 표현되어 있다. 이 문장구조를 S+P+O(что S'+P')로 나타낼 수 있다. 소괄호는 주절의 보어(O)에 종속되어 있음을 나타내고, 종속절의 S'+P'는 보어에 직접 종속되어 있는 성분으로 그 성분에 종속되어 있는 하위절의 주어(S')와 술어(P')를 나타낸다. 주절의 술어가 говорить '말하다', сообщать '전달하다', думать '생각하다', понимать '이해하다', знать '알다', видеть '보다', чувствовать '느끼다' 등의 발언, 전달, 사고, 감정 등의 의미를 가진 동사가 사용되면 접속사 что를 통하여 보어적 종속절을 주절에 연결시킨다.

17.1.2. 접속사 чтобы

Я хочу́, что́бы вы уча́ствовали в э́той рабо́те. '나는 당신들이 이 일에 참여했으면 한다.'

☞ 이 문장도 주절의 술어 хочу의 보어의 내용이 종속절 «чтобы вы участвовали в этой работе»로 표현되어 있는 보어적 종속절이다. 이 문장구조를 S+P+(O)(чтобы S'+P'+Adv')로 나타낼 수 있다. 주절의 보어를 괄호로 처리한 것은 보어가 있어야 하는데 생략되었다는 것을 나타내고, 종속절이 그 생략된 보어에 종속되어 연결되어 있음을 나타낸다. 주절의 술어가 хотеть '원하다', желать '바라다', требовать '요구하다', стремиться '지향하다', просить '요구하다', приказывать '지시하다', велеть '명령하다' 등과 같은 소망, 지향, 요청, 요구, 명령 등의 동사가 사용되면 접속사 чтобы를 통하여 보어적 종속절을 주절에 연결시킨다.

17.1.3. 접속사 как

Я ви́дел, как он вошёл в ко́мнату. '나는 그가 방 안으로 들어갔던 것을 보았다.'

☞ 이 문장구조를 보면 지각동사 видел의 보어가 종속절에서 «как он вошёл в комнату»로 표현되어 있는 보어적 종속절이다. 주절에서 видел의 보어가 생략되어 있다. 이 문장구조를 S+P+(O)(что S'+P'+Adv')로 나타낼 수 있다. 주절의 술어가 смотреть '보다', слушать '듣다', наблюдать '관찰하다', следить '지켜보다', любоваться '사랑스러운 마음으로 지켜보다' 등의 지각 동사가 사용되면 접속사 как를 통하여 보어적 종속절을 주절에 연결시킨다.

17.1.4. 접속사 будто

Я слы́шал, бу́дто он у́мер. '나는 그 사람이 죽었다는 것 같은 소리를 들었다.'

☞ 이 문장구조를 보면 слышал의 보어가 종속절에서 «будто он умер»로 표현되어 있는 보어적 종속절이다. 이 문장구조를 S+P+(O)(будто S'+P')로 나타낼 수 있다. 주절의 술어가 говорить '말하다', рассказывать '이야기하다', думать '생각하다' 등의 전달, 사고, 지각 동사가 사용되면 접속사 будто를 통하여 보어적 종속절을 주절에 연결시킨다. 접속사 будто, будто бы는 보어적 종속절에서 예상되는 또는 의심되는 사실이나 현상에 관하여 언급될 때 사용된다.

17.1.5. 접속사 ли

Я не зна́ю, придёт ли он. '나는 그 사람이 올지 안올지 모르겠다.'

☞ 이 문장구조를 보면 술어 **не знаю**의 보어가 종속절에서 **«придёт ли он »**으로 표현되어 있는 보어적 종속절이다. 이 문장구조를 S+P+(O)(ли P'+S')로 나타낼 수 있다. 주절의 술어가 **спросить** '묻다', **узнать** '알아차리다', **не знать** '모르다', **не понять** '이해하지 못하다', **не помнить** '기억하지 못하다' 등의 동사가 사용되면 접속사 **ли**를 통하여 보어적 종속절을 주절에 연결시킨다. 접속사 **ли**는 묻고자 하는 단어의 바로 뒤에서 그 단어의 여부를 물을 때 사용된다.

17.1.6. 접속사 как бы не

Я боя́лся, как бы во́лны не переверну́ли ло́дку. '나는 파도가 보트를 뒤집을까봐 두려웠다.'

☞ 이 문장구조를 보면 술어 **боялся**의 보어가 종속절에서 **«как бы волны не перевернули лодку»**으로 표현되어 있는 보어적 종속절이다. 이 문장구조를 S+P+(O)(как бы не S'+P'+O')로 나타낼 수 있다. 주절의 술어가 **бояться** '두려워하다', **опасаться** '겁내다', **беспокоиться** '걱정하다', **волноваться** '흥분하다' 등의 공포, 두려움, 불안 등의 동사가 사용되면 접속사 **как бы не**를 통하여 보어적 종속절을 주절에 연결시킨다.

17.1.7. 접속어 кто, что, како́й, чей, ско́лько, где, куда́, когда́

Я не зна́ю, **что** нам ну́жно де́лать. '나는 우리가 무엇을 해야 하는지 모르겠다.'

Я не зна́ю, **кто** нам бу́дет помога́ть. '나는 누가 우리를 도울지 모르겠다.'

Я не зна́ю, **в како́й библиоте́ке** мо́жно найти́ э́ту кни́гу. '나는 어떤 도서관에서 이 책을 찾을 수 있을지 모르겠다.'

Я не зна́ю, **чья** э́то кни́га. '나는 이 책이 누구의 책인지 모르겠다.'

Я не зна́ю, **ско́лько** э́то сто́ит. '나는 이것이 얼마인지 모르겠다.'

Я не зна́ю, **где** живёт он. '나는 그가 어디서 사는지 모르겠다.'

Я не зна́ю, **куда** мы пое́дем летом. '나는 우리가 여름에 어디로 갈 것인지 모르겠다.'

☞ 주절의 술어가 **говорить** '말하다', **спрашивать** '묻다', **отвечать** '대답하다', **знать** '알다', **помнить** '기

억하다', понимать '이해하다', видеть '보다', слышать '듣다' 등의 말, 사고, 지각의 의미를 가진 동사가 사용될 때, 보어적 종속절에서는 кто, что, какой, чей, сколько, где, куда, когда 등의 접속어가 사용되고, 이 접속어는 종속절의 문장성분이 된다.

연습문제 1 다음 러시아어 문장을 한국어로 번역하시오.

(1) Я знаю, что завтра будет собрание.
(2) Они сказали нам, что мы не шутили.
(3) Я думал, что он заболел.
(4) Я хочу, чтобы вы меня правильно поняли.
(5) Я просил, чтобы меня никто не провожал домой.
(6) Я видел, как он пришёл.
(7) Я видел, как он шёл по дороге.
(8) Я слышал, будто он уехал в свою страну.
(9) Он не помнит, видел ли он её.
(10) Мать боялась, как бы сын не опоздал на урок.

17.2. 주어적 종속절을 가진 종속복문

주어적 종속절을 가진 종속복문은 주절의 주어가 종속절에서 절로 되어 있고, 접속사 что, чтóбы, как, бýдто (бýдто бы), ли, как бы не 등에 의하여 주절에 연결된다.

17.2.1. 접속사 что

Прия́тно то, **что** ты пóмнишь меня́. '너가 나를 기억하고 있다는 것이 기쁘다.'

В объявлéнии бы́ло скáзано, **что** собрáние бýдет в понедéльник. '공고에는 모임이 월요일에 있을 것이라는 것이 언급되어 있었다.'

☞ 첫 번째 문장구조를 보면 주절의 주어 то의 내용이 종속절 «что ты помнишь меня»로 표현되어

있다. 이 문장구조를 P+S(что S'+P'+O')로 나타낼 수 있다. 이것은 종속절(что S'+P'+O')이 주절의 주어에 종속되어 있는 것을 나타낸다. 두 번째 문장구조를 보면 주절의 주어(생략되어 있음)의 내용이 종속절 «что собрание будет в понедельник»로 표현되어 있다. 이 문장도 주절의 언급되어 있었던 주체가 종속절로 표현되어 있다. 이 문장구조를 Adv+P+(S)(что S'+P'+Adv')로 나타낼 수 있다. 주절의 술어가 приятно '즐겁다', видно '명백하다', слышно '들린다', жаль '유감이다', смешно '우습다', странно '이상하다', известно '알려져있다', ясно '분명하다', понятно '명료하다', удивительно '놀랍다' 등의 서술부사와 형용사 중성 단어미 형태, 그리고 피동 형동사 단어미 등이 사용될 때 접속사 что에 의하여 주절에 연결된다.

17.2.2. 접속사 чтóбы

Нýжно, чтóбы мы готóвились к экзáмену порáньше. '우리가 좀 일찍 시험을 준비하는 것이 필요하다.'

Прикáзано, чтóбы все собрáлись к семи́ ýтра. '모두들 아침 7시에 집합하도록 지시되었다.'

☞ 첫 번째 문장구조를 보면 주절의 주어(생략되어 있음)의 내용이 종속절 «чтобы мы готовились к экзамену пораньше»로 표현되어 있다. 이 문장구조를 P+(S)(чтобы S'+P'+O'+Adv')로 나타낼 수 있다. 두 번째 문장구조를 보면 주절의 주어(생략되어 있음)의 내용이 종속절 «чтобы все собрались к семи утра»로 표현되어 있다. 주절의 주어가 종속절로 표현되어 있다. 이 문장구조를 P+(S)(что S'+P'+Adv')로 나타낼 수 있다. 주절의 술어가 нужно '필요하다', надо '필요하다', необходимо '반드시 해야 한다' 등의 서술부사와 велено '명령되었다', приказано '지시되었다' 등의 피동 형동사 단어미 등이 사용될 때 접속사 чтобы에 의하여 주절에 연결된다.

17.2.3. 접속사 как

Слы́шно, как бьётся сéрдце. '심장이 뛰고 있는 소리가 들린다.'

☞ 문장구조를 보면 주절의 주어(생략되어 있음)의 내용이 종속절 «как бьётся сердце»로 표현되어 있다. 주절의 주어인 들리는 주체가 종속절로 표현되어 있다. 이 문장 구조를 P+(S)(как P'+S')로 나타낼 수 있다. 주절의 술어가 видно '보인다', слыщно '들린다', заметно '눈치챘다' 등이 사용될 때 접속사 как에 의하여 주절에 연결된다.

17.2.4. 접속사 бýдто

Мне казáлось, **бýдто** ктó-то зовёт меня́. '마치 누군가가 나를 부르고 있는 것처럼 여겨졌다.'

☞ 이 문장구조를 보면 무인칭 문장으로 되어 있는 주절의 술어 казалось의 형식상의 주어(주절에서는 생략되어 있음)가 종속절에서 «будто кто-то зовёт меня»로 표현되어 있는 주어적 종속절이다. 이 문장구조를 S^1+P+(S^2)(будто S'+P'+O')로 나타낼 수 있다. 주절은 무인칭 문장으로 의미상의 주어(S^1)와 형식상의 주어(S^2)의 두 가지 주어가 있다. 본 문장은 형식상의 주어에 관계되는 주어적 종속절이다. 주절의 술어가 казаться '~처럼 여기다', сниться '꿈에 보이다', послышаться '들리다' 등의 사고, 지각 동사가 사용되면 접속사 будто를 통하여 주어적 종속절을 주절에 연결시킨다. 접속사 будто, будто бы는 보어적 종속절에서와 같이 예상되는 또는 의심되는 사실이나 현상에 관하여 언급될 때 사용된다.

17.2.5. 접속사 ли

Неизвéстно, вернётся **ли** он сегóдня. '그가 오늘 돌아올지 안돌아올지 불확실하다.'

☞ 문장구조를 보면 주절의 주어(생략되어 있음)의 내용이 종속절 «вернётся ли он сегодня»로 표현되어 있다. 이 문장구조를 P+(S)(P'+ли+S'+Adv')로 나타낼 수 있다. 주절의 술어가 неизвестно '알려지지 않다', неясно '분명하지 않다', непонятно '이해되지 않는다', интересно '흥미롭다' 등이 사용될 때 접속사 ли에 의하여 주절에 연결된다. 접속사 ли는 묻고자 하는 단어의 바로 뒤에서 그 단어의 여부를 물을 때 사용된다.

17.2.6. 접속사 как бы не

Мне бы́ло стрáшно, **как бы** вóлны **не** переверну́ли лóдку. '나는 파도가 보트를 뒤집을 까봐 두려웠다.'

☞ 문장구조를 보면 주절의 주어(생략되어 있음)의 내용이 종속절 «как бы волны не перевернули лодку»로 표현되어 있다. 이 문장구조를 S^1+P+(S^2)(как бы не S'+P'+O')로 나타낼 수 있다. 이 문장도 형식상의 주어(S^2)에 종속절이 연결되어 있는 주어적 종속절이다. 주절의 술어가 страшно '알려지지 않다' 등이 사용될 때 접속사 как бы не에 의하여 주절에 연결된다.

17.2.7. 접속어 кто, что, какóй, чей, скóлько, где, кудá, когдá

Мне неизвéстно, **что** нам нýжно дéлать. '나는 우리가 무엇을 해야하는지 모르겠다.'

Мне неизвéстно, **кто** нам бýдет помогáть. '나는 누가 우리를 도울지 모르겠다.'

☞ 주절의 술어가 ясно '분명하다', известно '알려지다', неизвестно '알려지지 않다', понятно '이해가 된다', видно '보인다', интересно '흥미롭다', сказано '언급되어 있다' 등의 말, 사고, 지각의 의미를 가진 동사가 사용될 때, 주어적 종속절에서는 кто, что, какой, чей, сколько, где, куда, когда 등의 접속어가 사용되기도 한다.

☞ 동일한 종속절이 보어적 종속절이 되기도 하고, 주어적 종속절이 되기도 한다. 예를 들어 문장 Я не понял, **что ты просил**. '나는 너가 요청하였던 것을 이해하지 못했다.'는 보어적 종속절이지만 문장 Мне было интересно, **что ты просил**. '나는 너가 요청하였던 것이 흥미로웠다.'는 주어적 종속절이다. 그렇기 때문에 종속절은 주절의 어떤 성분을 종속절에서 절로 표현하였는지를 정확하게 파악하는 것이 중요하다.

연습문제 2 다음 러시아어 문장을 한국어로 번역하시오.

(1) Странно, что он болен.
(2) Вам понятно, что он говорит?
(3) Нужно, чтобы всё было приготовлено заранее.
(4) Нужно, чтобы он поехал туда.
(5) Вам хорошо слышно, что я говорю?
(6) По его лицу видно, как он вполне отдохнул с дороги.
(7) Кажется, что я вас где-то уже видел.
(8) Неясно, поступил ли он в университет.
(9) Неизвестно, куда поехать в отпуск.
(10) Мне неизвестно, когда я кончу свою работу.

17.3. 한정적 종속절을 가진 종속복문

한정적 종속절은 주절의 피한정어를 종속절에서 절로 한정한다. 한정적 종속절은 котóрый, какóй, чей, что, где, кудá, откýда, когдá 등의 접속어를 사용하는데 가장 많이 사용하는 접속어가 котóрый다.

Ко мне идёт мой друг, **котóрый** живёт в Москвé. '모스끄바에 살고 있는 내 친구가 나에게 온다.'

☞ 위 문장은 주절의 주어인 친구(мой друг)가 어떤 친구인지를 종속절로 나타내고 있다. 그래서 종속절 «который живёт в Москве»는 남성 단수 주격으로 된 주절의 피한정어 друг을 한정하는 종속절이다. 이 문장구조를 Adv+P+S(который P'+Adv')로 나타낼 수 있다.

Покажи́ мне кни́гу, **какóй** ты вчерá купи́л. '너가 어제 구입했던 책을 나에게 보여주라.'

☞ 주절의 보어인 книгу가 어떤 책인지를 한정 종속절로 나타내고 있다. 그러므로 종속절 «какой ты вчера купил»는 여성 단수 대격으로 된 주절의 피한정어 книгу를 한정하는 종속절이다. 이 문장구조를 P+O1+O2(кокой S'+P'+Adv')로 나타낼 수 있다. 접속어 какой는 주절의 피한정 명사와 성과 수에서 일치하고 격에서는 일치하지 않는다.

17.3.1. 접속어 котóрый

접속어 котóрый는 한정적 종속절의 접속어로 가장 많이 사용된다. 접속어 котóрый는 주절의 피한정어와 성과 수에서 일치하고 격에서는 종속절의 역할에 따라서 결정된다.

Сегóдня ко мне придёт мой друг, котóрый живёт в Санкт-Петербýрге.
'오늘 상뜨-뻬쩨르부르그에 살고 있는 내 친구가 나에게 올 것이다.'

☞ 위 문장은 주절의 주어인 друг이 어떤 사람인지를 종속절로 나타내고 있다. 그러므로 종속절 «который живёт в Санкт-Петербурге»는 주절의 주어이자 남성 단수 주격으로 된 피한정어друг을 한정하는 종속절이다. 이 문장구조를 Adv1+Adv2+P+S(который P'+Adv')로 나타낼 수 있다. 성과

수는 피한정어인 друг과 일치되고 격은 종속절의 역할에 따라 결정된다. 종속절에서 «который»는 «живёт»의 주어로 주격이다. 이에 따라 남성 단수 주격으로 되고, «который»의 남성 단수 주격은 который 그대로다.

Сего́дня ко мне придёт мой друг, кото́рого я давно́ не ви́дел.
'오늘 오랫동안 보지 못했던 내 친구가 나에게 올 것이다.'

☞ 위 문장은 주절의 주어인 друг이 어떤 사람인지를 종속절로 나타내고 있다. 그러므로 종속절 «которого я давно не видел»는 주절의 주어를 한정하는 종속절이다. 이 문장구조를 Adv1+Adv2+P+S(которого S'+P'+Adv')로 나타낼 수 있다. 성과 수는 피한정어인 друг과 일치되고 격은 종속절의 역할에 따라 결정된다. 종속절에서 «который»는 «не видел»의 보어로, 대격 부정 생격이다. 이에 따라 남성 단수 활동체 대격으로 되고, «который»의 남성 단수 활동체 대격형은 которого다.

Я пе́редал ему́ кни́гу, кото́рую ты прочита́л. '너가 다 읽었던 책을 나는 그에게 전해주었다.'

☞ 위 문장은 주절의 보어인 книгу를 종속절로 한정하고 있다. 그러므로 종속절 «которую ты прочитал»는 여성 단수 대격으로 되어 있는 주절의 보어를 한정하는 한정적 종속절이다. 이 문장구조를 S+P+O1+O2(которую S'+P')로 나타낼 수 있다. 성과 수는 피한정어인 книгу와 일치되고 격은 종속절의 역할에 따라 결정된다. 종속절에서 «который»는 «прочитал»의 보어로, 여성 대격이다. 이에 따라 여성 단수 대격으로 되고, «который»의 여성 단수 대격형은 которую다.

연습문제 3 다음 러시아어 문장을 한국어로 번역하시오.

(1) Мой друг, который живёт в общежитии, приехал из России.
(2) Студенты, которые приехали из России, занимаются корейским языком в университете.
(3) Мы благодарим учителя, который учит нас русскому языку.
(4) Мы рассказывали о художнике, который нарисовал эту картину.
(5) Покажи мне книгу, которую ты купил вчера в магазине.
(6) Он живёт в доме, который построил его отец.
(7) Дом, который стоял на берегу моря, сгорел.
(8) Я уже прочитал журнал, который ты мне дал вчера.
(9) Это моя подруга, которая занимается в нашей группе.

(10) Я пригласил на концерт друга, который интересуется музыкой.

17.4. 술어적 종속절을 가진 종속복문

술어적 종속절을 가진 종속복문은 주절의 술어가 종속절에서 절로 표현되어 있다. 주절의 술어에는 명사류 술어와 형용사류 술어로 나누어진다. 술어적 종속절은 접속사 что, чтóбы; 접속어 кто, что, котóрый, какóй, какóв, чей 등에 의하여 주절에 연결된다.

Я тот, **когó** вы ждёте. '나는 당신이 기다리고 있는 그 사람이다.'

☞ 위 문장은 주절의 명사류 술어 тот의 내용을 종속절로 나타내고 있다. 그러므로 종속절 «кого вы ждёте»는 주절의 명사류 술어를 나타내는 술어적 종속절이다. 이 문장구조를 S+P(кого S'+P')로 나타낼 수 있다.

주절의 술어가 такóй, такóв 등에 의하여 표현될 때 접속사 что, чтóбы가 사용된다.

Дождь **такóй, что** нельзя́ вы́йти. '비는 외출하기 불가능한 정도다.'

☞ 위 문장은 주절의 형용사류 술어 такой 의 내용을 종속절로 나타내고 있다. 그러므로 종속절 «что нельзя выйти»는 주절의 술어를 설명하는 술어적 종속절이다. 이 문장구조를 S+P(что P')로 나타낼 수 있다. такой, таков 앞에 부정이 놓이면 접속사는 чтобы가 사용된다: Дождь не **такой, чтобы** нельзя выйти. '비는 외출하기 불가능한 정도는 아니다.'

동일한 술어적 종속절이 주어적 종속절도 될 수 있고, 보어적 종속절도 될 수 있다.

Я тот, **когó вы ждёте**. '나는 당신이 기다리고 있는 그 사람이다.'

Пришёл тот, **когó вы ждёте**. '당신이 기다리고 있는 그 사람이 도착했다.'

Я привёл тогó, **когó вы ждёте**. '나는 당신이 기다리고 있는 그 사람을 데리고 왔다.'

☞ 위의 세 문장을 보면 동일한 종속절 «кого вы ждёте»가 첫 번째 문장에서는 주절의 술어를 나타내는 술어적 종속절이고, 두 번째 문장에서는 주절의 주어를 나타내는 주어적 종속절이고, 세 번째

문장에서는 타동사 술어 привёл의 보어를 나타내는 보어적 종속절이다. 그러므로 종속절은 주절의 어떤 성분에 종속되어 있는 지, 다시 말하면 주절의 어떤 성분을 절로 나타내어 진 것인지를 확인하는 것이 중요하다.

연습문제 4 다음 러시아어 문장을 한국어로 번역하시오.

(1) Мой отец — тот, кто учит нас русскому языку в классе.
(2) Дождь такой, что нельзя выйти.
(3) Дождь не такой, чтобы нельзя выйти.
(4) Эта книга не та, которую я просил.
(5) Герой — это тот, кто может жертвовать собой ради других.

17.5. 상황적 종속절을 가진 종속복문

상황적 종속절을 가진 종속복문은 주절의 상황어가 종속절에서 절로 표현되어 있는 것이다. 상황어의 내용에 따라 장소, 시간, 목적, 원인, 결과, 행위양태, 조건, 양보 등의 상황적 종속절을 가진 종속복문으로 구분된다.

17.5.1. 장소의 상황적 종속절을 가진 종속복문

Я тóже был там, где нас принимáли привéтливо. '우리를 환대하였던 그곳에 나도 있었다.'

Я пошёл туда, кудá велá тропи́нка. '나는 오솔길이 나 있는 그곳으로 출발했다.'

☞ 장소의 상황적 종속절을 가진 종속복문은 정지와 방향의 두 가지로 나눌 수 있다. 장소의 상황적 종속절에서는 주절에서 지시어 **там, туда, оттуда** 뿐만 아니라 여러가지 장소부사 **всюду** '도처에', **везде** '가는 곳마다', **справа** '우측에서', **слева** '좌측에서', **направо** '우측으로', **налево** '좌측으로', **наверху** '위에서', **внизу** '아래에서' 등이 사용될 수 있는데 어떤 경우에는 생략될 수도 있다. 그리고 **где, куда, откуда** 등의 접속사에 의하여 주절에 연결된다. 위의 첫 번째 문장의 주절은 정지동사 **был**과 정지부사 **там**으로 되어 있다. 종속절 **«где нас принимали приветливо»**은 주절의 상황

어 там을 종속절에서 절로 표현해 놓은 것이다. 이 문장구조를 S+P+Adv(где O'+P'+S')로 나타낼 수 있고, 이것으로 상황절이 주절의 상황어에 종속되어 있음을 나타낸다. 두 번째 문장의 주절은 방향동사 пошёл과 방향부사 туда로 되어 있다. 종속절 «куда вела тропинка»은 주절의 상황어 туда를 종속절에서 절로 표현해 놓은 것이다. 이 문장구조를 S+P+Adv(куда P'+S')로 나타낼 수 있다.

17.5.2. 시간의 상황적 종속절을 가진 종속복문

Это бы́ло тогда́, когда́ ты был ма́леньким. '그것은 네가 어렸을 때의 일이었다.'

Пока́ мы игра́ли в футбо́л, ста́ло темно́. '우리가 축구하는 동안 어두워졌다.'

☞ 시간의 상황적 종속절에서는 주절에서 지시어 то, тогда 등이 사용될 수 있는데 어떤 경우에는 생략될 수도 있다. 그리고 когда '~할 때', пока '~하는 동안에', с тех пор как '~할 때부터', как только '~하자마자', прежде чем '~하기 전에' 등의 접속사에 의하여 주절에 연결된다. 위의 첫 번째 문장에서 종속절 «когда ты был маленьким»은 주절의 상황어 тогда를 종속절에서 절로 표현해 놓은 것이다. 이 문장구조를 S+P+Adv(когда S'+P')로 나타낼 수 있다. 두 번째 문장의 종속절 «пока мы играли в футбол»는 주절의 어두워진 상황을 종속절에서 절로 표현해 놓은 것이다. 이 문장구조를 P+(Adv)(пока S'+P'+O')로 나타낼 수 있다. 주절에서 상황어는 없지만 생략되었다고 볼 수 있다.

17.5.3. 목적의 상황적 종속절을 가진 종속복문

Я пришёл для того́, что́бы сообщи́ть вам об э́том. '나는 당신에게 이것을 알려주려고 왔다.'

Я пришёл для того́, что́бы вы зна́ли об э́том. '나는 당신이 이것에 관하여 알도록 왔다.'

☞ 목적의 상황적 종속절에서는 주절에서 지시어 для того, с тем, замем 등이 사용될 수 있는데 어떤 경우에는 생략될 수도 있다. 그리고 목적의 종속절에는 접속사 чтобы만 사용된다. 목적의 상황적 종속절의 주어가 주절의 주어와 동일하면 동사원형을 쓰고, 종속절의 주어가 따로 있으면 그 주어를 쓰고 종속절의 술어는 실제 행위시제와 관계없이 과거시제 형태로 된다. 위의 첫 번째 문장에서 종속절 «чтобы сообщить вам об этом»은 주절의 목적의 상황어 для того를 종속절에서 절로 표현해 놓은 것이다. 즉, 그것을 위하여(для того) 왔는데, 그것을 위한다는 것이 당신에게 이것에 대하여 알려주려는 것이다. 이 문장에서는 전달하려는 주체가 주절의 주체와 동일하다는 말이 된다. 이 문장구조를 S+P+Adv(чтобы P'+O'1+O'2)로 나타낼 수 있다. 두 번째 문장의 종속절

«чтобы вы знали об этом»는 주절의 목적의 상황어 для того를 종속절에서 절로 표현해 놓은 것이다. 즉, 그것을 위하여(для того) 왔는데, 그것을 당신이 이것에 대하여 알게하려는 것이다. 이 문장에서는 종속절의 주체가 주절의 주체와 동일하지 않고 вы라는 것을 말한다. S+P+Adv(чтобы S'+P'+O'1)로 나타낼 수 있다

17.5.4. 원인의 상황적 종속절을 가진 종속복문

На у́лицах бы́ло мно́го наро́ду, **потому́** что был пра́здник.

'축제였기 때문에 길에는 많은 사람들이 있었다.'

Из-за того́ что шёл дождь о́чень мно́го, не́сколько люде́й у́мер.

'비가 매우 많이 내렸기 때문에 몇몇 사람들이 죽었다.'

Благодаря́ тому́, что вы помогли́ мне, я сде́лал зада́ние.

'당신이 나를 도와주었던 덕분에 나는 과제를 할 수 있었다.'

☞ 원인의 상황적 종속절에서는 주절의 원인을 절로 표현한 것이다. 원인의 종속절에서는 потому что '~때문에', так как '~때문에', ибо '~이므로', оттого что '~때문에', вследствие того что '~때문에', ввиду того что '~때문에', из-за того что '~때문에', благодаря тому что '~덕분에' 등의 접속사들이 사용된다. 이 중에서 потому что, оттого что, вследствие того что, ввиду того что, из-за того что, благодаря тому что 등은 주절의 지시어와 접속사가 결합되어 있는 합성 접속사이다. 이 합성 접속사는 주절에 위치하는 부분과 접속사를 분리할 수 있다. потому что, ибо등과 같은 몇몇 접속사를 제외하고 원인의 상황적 종속절은 주절의 앞에 놓일 수도 있고 뒤에 놓일 수도 있다. 그러나 합성 접속사가 분리되는 경우에는 주절 앞에 놓일 수도 있다. 위의 첫 번째 문장에서 종속절 «потому что был праздник»은 주절의 원인을 종속절에서 절로 표현해 놓은 것이다. 이 문장구조를 Adv1+S+P+(Adv2)(потому что P')로 나타낼 수 있다. 주절의 첫 번째 상황어 на улицах는 장소의 상황어이고 두번째 원인의 상황어는 합성 접속사 속에 포함되어 있다. 두 번째 문장에서 합성 접속사의 앞 부분은 접속사와 분리되어 있다. 이 경우에 종속절이 주절 앞에 놓일 수 있다. 세 번째 문장에서 종속절 «Из-за того что шёл дождь очень много»는 주절의 원인을 절로 표현해 놓은 것이다. 이 문장을 S+P+(Adv)(из-за того что S'+P'+Adv')로 나타낼 수 있다. 그리고 네 번째 문장에서 종속절 «что вы помогли мне»는 과제를 할 수 있었던 주절의 원인을 절로 표현해 놓은 것이다. 이 문장에서도 합성 접속사를 분리하였기 때문에 종속절이 주절의 앞에 놓일 수 있다. 이 문장을 S+P+O+Adv(что S'+P'+O')로 나타낼 수 있다.

17.5.5. 결과의 상황적 종속절을 가진 종속복문

Он всё сказáл, **так что** мне нéчего бы́ло прибáвить.

'그는 모든 것을 다 말했다. 그 결과 나는 보탤 것이 없었다.'

У меня́ мáленькая семья́, **так что** расхóдов мáло.

'나는 가족수가 별로 되지 않는다. 그 결과 지출 비용이 별로 들지 않는다.'

☞ 결과의 상황적 종속절에서는 주절의 결과를 절로 표현한 것이다. 결과의 종속절은 특별한 지시어가 없고 접속사 так что에 의하여 주절과 결합된다. 위의 첫 번째 문장에서 종속절 «так что мне нечего было прибавить»은 주절의 결과를 종속절에서 절로 표현해 놓은 것이다. 이 문장구조를 S+O+P, (так что S'+P'+O')로 나타낼 수 있다. 두 번째 문장에서 종속절 «так что расходов мало»은 주절의 결과를 종속절에서 절로 표현해 놓은 것이다. 이 문장구조를 O+(P)+S, (так что S'+P')로 나타낼 수 있다. у меня 구문에서 술어 есть는 생략될 수 있다.

17.5.6. 행위양태의 상황적 종속절을 가진 종속복문

Я всё сдéлал так, **как** мне совéтовали. '나는 나에게 충고했던 대로 그렇게 모든 것을 다 했다.'

Они́ встрéтились, **как** брáтья. '그들은 형제들과 같이 만났다.'

Они́ встрéтились так, **как бу́дто** они́ бли́зские друзья́. '그들은 그들이 친한 친구들 인양 그렇게 만났다.'

Нáдо говори́ть так, **чтóбы** все могли́ послу́шать. '모든 사람들이 들을 수 있도록 그렇게 말할 필요가 있다.'

☞ 행위양태의 상황적 종속절에서는 주절의 행위가 어떻게 발생하였는지를 종속절에서 절로 표현한 것이다. 일반적으로 지시어 так이 사용되지만 생략될 수도 있다, 그리고 как '~처럼', что '~라고', чтобы '~하도록', будто '~처럼', как будто '마치~처럼', будто бы '마치 ~처럼' 등의 접속어에 의하여 주절과 결합된다. 위의 첫 번째 문장에서 종속절 «как мне советовали»은 주절의 행위가 어떻게 발생하였는지를 종속절에서 절로 표현해 놓은 것이다. 이 문장구조를 S+O+P+Adv(как S'+P')로 나타낼 수 있다. 이것은 종속절(как S'+P')이 주절에서 왜 그렇게(так) 행동하게 되었는지에 대한 설명이다. 두 번째 문장에서 종속절 «как братья»는 주절의 행위가 어떻게 발생하였는지를 종속절에서 절로 표현해 놓은 것이다. 이 문장구조를 S+P+(Adv)(как S')로 나타낼 수 있다. 문맥상 주절에서 지시어가 생략되었다. 세 번째 문장에서 종속절 «как будто они близские друзья»는 주절의 행위가 어떻게 발생하였는지를 종속절에서 절로 표현해 놓은 것이다. 이 문장구

조를 S+P+Adv(как будто S'+P')로 나타낼 수 있다. 네 번째 문장에서 종속절 «чтобы все могли послушать»는 주절의 행위가 어떻게 발생하였는지를 종속절에서 절로 표현해 놓은 것이다. 이 문장구조를 P+Adv(чтобы S'+P')로 나타낼 수 있다.

17.5.7. 조건의 상황적 종속절을 가진 종속복문

Если пойдёт дождь, мы вернёмся домóй. '비가 오면 우리는 집으로 돌아갈 것이다.'

Если бы я знал, что неинтерéсно, то не пришёл бы. '재미없다는 것을 알았더라면, 오지 않았을 건데'

☞ 조건의 상황적 종속절에서는 주절의 행위가 어떤 조건에서 발생하였는지를 종속절에서 절로 표현한 것이다. 조건의 종속절이 주절의 앞에 놓이면 주절의 첫 머리에 지시 소사 то, так 또는 지시부사 тогда 등이 올 수 있고, 접속사 если '~라면', если бы '~라면', когда '~일 때', раз '~한다면', коль(коли) '~이라면' 등에 의하여 주절과 연결된다. 이 중에서 접속사 если '~라면'이 가장 많이 사용된다. 주절의 행위가 실제적 조건이 아니라 가정적 조건에 의하여 발생하는 것이라면 주절과 종속절의 술어는 가정법으로 되고 이 경우에 가정법 소사 бы가 주절과 종속절에서 사용된다. 위의 첫 번째 문장에서 종속절 «если пойдёт дождь»은 주절의 행위가 어떤 조건에서 발생할 것인지를 종속절에서 절로 표현해 놓은 것이다. 이 문장구조를 S+P+Adv(если P'+S')로 나타낼 수 있다. 두 번째 문장에서 종속절 «Если бы я знал, что неинтересно»은 주절의 행위가 어떤 조건에서 발생할 것인지를 종속절에서 절로 표현해 놓은 것이다. 이 문장구조를 S+P(если бы S'+P'(что P")) 로 나타낼 수 있다. 조건적 종속절이 보어적 종속절 구조를 하고 있기 때문에 если бы S'+P'(что P")로 나타내고 이것이 주절의 조건적 종속절이라는 것을 나타낸다.

17.5.8. 양보의 상황적 종속절을 가진 종속복문

Хотя́ на у́лице хóлодно, студéнты хóдят без пальтó. '바깥에는 날씨가 추웠음에도 불구하고 대학생들은 외투를 입지 않고 다닌다..'

Он хорошó говори́т по-ру́сски, **несмотря́ на то, что** недáвно нáчал изучáть ру́сский язы́к. '그는 최근에 러시아어를 공부하기 시작하였음에도 불구하고 그는 러시아어로 말을 잘 한다.'

Как ни стрáнно, **но** э́то прáвда. '아무리 이상해도 이것은 사실이다.'

☞ 양보의 상황적 종속절은 주절의 행위가 어떤 양보적 상황에서 발생하였는지를 종속절에서 절로 표현한 것이다. 양보의 종속절에서는 **хотя** (**хоть**), **пусть** (**пускай**) 등의 단일 접속어 또는 **несмотря на то**와 같은 합성 접속어가 사용되고, 접속사 **как**, **сколько**, **где** 등이 양보 소사 **ни**와 함께 사용될 수도 있다. 그리고 양보의 종속절이 주절 앞에 놓이면 주절 앞에 반의 접속사 **но**나 **однако**가 사용될 수 있다. 위의 첫 번째 문장에서 종속절 **«хотя на улице холодно»**는 주절의 행위가 어떤 양보적 상황에서 발생하였는지를 종속절에서 절로 표현해 놓은 것이다. 이 문장구조를 S+P+Adv(**хотя** Adv'+P')로 나타낼 수 있다. 두 번째 문장에서 종속절 **«несмотря на то, что недавно начал изучать русский язык»**은 러시아어를 배운지 얼마되지 않은 상황에도 불구하고 러시아어를 잘하는 주절의 행위가 발생한 것을 표현해 놓은 것이다. 이 문장구조를 S+Adv1+P+Adv2(**несмотря на то что** Adv'+P'+O')로 나타낼 수 있다. 세 번째 문장에서 종속절 **«как ни странно»**은 아무리 이상한 상황에도 불구하고 이것이 사실이라는 것을 언급한 것이다. 이 문장구조를 S+P(**как ни** P')로 나타낼 수 있다.

연습문제 5 다음 러시아어 문장을 한국어로 번역하시오.

(1) Я тоже был там, где вы были в театре вчера.
(2) Когда дождь кончился, мы вышли из дома.
(3) С тех пор как он уехал из Кореи, мы ни разу не виделись.
(4) Я пришёл для того, чтобы сообщить вам об этом.
(5) Я сказал тебе об этом ещё раз, чтобы ты не забыл об этом.
(6) Я мог сделать задание, потому что ты помог мне.
(7) Благодаря тому, что погода была хорошо, мы приятно провели время.
(8) Поступай, как хочешь.
(9) Она любит его так, как будто он её родной сын.
(10) Говори логически так, чтобы тебя понимали
(11) Мы так устали, что не можем идти дальше.
(12) Чем темнее ночь, тем ярче звёзды.
(13) Если завтра будет хорошая погода, мы пойдём на экскурсию.
(14) Хотя наступила осень, было жарко.
(15) Как ни жаль, мне пора идти.

Word Study 17. 유사 접미사

-бол '球技': мотобóл '모터, 사이클 축구', волейбóл '배구'

-бус '버스': автóбус '버스', аэрóбус '에어버스'

-вед '학자, 전문가': языковéд '언어학자', литературовéд '문학 연구가'

-ведение '...학, ...연구': востоковéдение '동양학', киновéдение '영화학'

-видение '통신 가시장치': телеви́дение '텔레비전', космови́дение '우주 텔레비전 방송'

-гамия '혼인': моногáмия '일부일처제', полигáмия '일부다처제'

-грамма '기술, 도식': телегрáмма '전보', спектрогрáмма '스펙트로그램'

-граф '기술하는 사람, 학자': геóграф '지리학자', биóграф '전기작가'

-графия '...學': геогрáфия '지리학', библиогрáфия '서지학'

-дром '발착장': аэродрóм '비행장', вертодрóм '헬리콥터 착륙장'

-лёт '비행기': самолёт '비행기', космолёт '우주선'

-лог '연구자, 학자': биóлог '생물학자', филóлог '문헌학자'

-логия '연구, 학': биóлогия '생물학', геолóгия '지질학'

-ман '...를 매우 좋아하는 사람': балетомáн '발레광', англомáн '친영파'

-мер '...계, 계기': водомéр '수량계', газомéр '가스 계량기'

-метр '미터, 計': миллимéтр '밀리미터', вольтáметр '전량계'

-метрия '...측량': геомéтрия '기하학', стереомéтрия '입체 기하학'

-мобиль '자동차': газомоби́ль '가스 자동차', электромоби́ль '전기 자동차'

-навт '...비행사, ...항행사': акванáвт '수중생활 연구가', космонáвт '우주 비행사'

-план '비행기': монопла́н '단엽 비행기', бипла́н '쌍엽 비행기'

-скоп '유리, 광학장치': микроскóп '현미경', спектроскóп '분광기'

-скопия '광학': рентгеноскопи́я '렌트겐 검사', спектроскопи́я '분광학'

-стан '국가': Казахстáн '카자흐스탄', Киргизстáн '기르기즈스탄'

-тека '수집': библиотéка '도서관', винотéка '주류수집'

-типия '인쇄': фототи́пия '사진 철판술', автоти́пия '오토타이프 인쇄술'

-трон '가속장치': микротрóн '소형입자 가속장치', газотрóн '방전정류관'

-фил '...를 좋아하는 사람': библиофи́л '愛書家', русофи́л '친러파'

-фоб '...를 싫어하는 사람': **женофóб** '여자를 싫어하는 사람', **русофóб** '반러파'

-фон '음을 내는': **магнитофóн** '녹음기', **телефóн** '전화기'

-фония '음향': **стереофонúя** '입체음향', **симфóния** '심포니'

부 록

A. 명사 격변화

남성명사 경자음 변화와 연자음 변화

	격	경자음		연자음	
		비활동체	활동체	비활동체	활동체
단수	주격	стол	студéнт	музéй	учи́тель
	생격	столá	студéнта	музéя	учи́теля
	여격	столý	студéнту	музéю	учи́телю
	대격	стол	студéнта	музéй	учи́теля
	조격	столóм	студéнтом	музéем	учи́телем
	전치격	о столé	о студéнте	о музéе	о учи́теле

	격	경자음		연자음	
		비활동체	활동체	비활동체	활동체
복수	주격	столы́	студéнты	музéи	учи́тели
	생격	столóв	студéнтов	музéев	учи́телей
	여격	столáм	студéнтам	музéям	учи́телям
	대격	столы́	студéнтов	музéи	учи́телей
	조격	столáми	студéнтами	музéями	учи́телями
	전치격	о столáх	о студéнтах	о музéях	о учи́телях

여성명사 경자음 변화와 연자음 변화

	격	경자음		연자음	
단수	주격	кóмната	кни́га	семья́	áрмия
	생격	кóмнаты	кни́ги	семьи́	áрмии
	여격	кóмнате	кни́ге	семьé	áрмии
	대격	кóмнату	кни́гу	сéмью	áрмию
	조격	кóмнатой	кни́гой	семьёй	áрмией
	전치격	о кóмнате	о кни́ге	о семьé	о áрмии

	격	경자음		연자음	
복수	주격	кóмнаты	кни́ги	сéмьи	áрмии
	생격	кóмнат	книг	семéй	áрмий
	여격	кóмнатам	кни́гам	сéмьям	áрмиям
	대격	кóмнаты	кни́ги	семéй	áрмии
	조격	кóмнатами	кни́гами	сéмьями	áрмиями
	전치격	о кóмнатах	о кни́гах	о сéмьях	о áрмиях

중성명사 경자음 변화와 연자음 변화

	격	경자음	연자음		
단수	주격	письмó	пóле	ружьё	собрáние
	생격	письмá	пóля	ружья́	собрáния
	여격	письмý	пóлю	ружью́	собрáнию
	대격	письмó	пóле	ружьё	собрáние
	조격	письмóм	пóлем	ружьём	собрáнием
	전치격	о письмé	о пóле	о ружьé	о собрáнии

	격	경자음	연자음		
복수	주격	пи́сьма	поля́	рýжья	собрáния
	생격	пи́сем	полéй	рýжей	собрáний
	여격	пи́сьмам	поля́м	рýжьям	собрáниям
	대격	пи́сьма	поля́	рýжья	собрáния
	조격	пи́сьмами	поля́ми	рýжьями	собрáниями
	전치격	о пи́сьмах	о поля́х	о рýжьях	о собрáнях

-ь로 끝나는 여성변화

단수	주격	жизнь	плóщадь	ночь
	생격	жи́зни	плóщади	нóчи
	여격	жи́зни	плóщади	нóчи
	대격	жизнь	плóщадь	ночь
	조격	жи́знью	плóщадью	нóчью
	전치격	о жи́зни	о плóщади	о нóчи

복수	주격	жи́зни	плóщади	нóчи
	생격	жи́зней	площадéй	ночéй
	여격	жи́зням	плóщадям	нóчам
	대격	жи́зни	плóщади	нóчи
	조격	жи́знями	плóщадями	нóчами
	전치격	о жи́знях	о плóщадях	о нóчах

명사 특수 변화

	격	남성명사	여성명사		중성명사
단수	주격	путь	мать	дочь	и́мя
	생격	пути́	ма́тери	до́чери	и́мени
	여격	пути́	ма́тери	до́чери	и́мени
	대격	путь	мать	дочь	и́мя
	조격	путём	ма́терью	до́черью	и́менем
	전치격	о пути́	о ма́тери	о до́чери	о и́мени

	격	남성명사	여성명사		중성명사
복수	주격	пути́	ма́тери	до́чери	имена́
	생격	путе́й	матере́й	дочере́й	имён
	여격	путя́м	матеря́м	дочеря́м	имена́м
	대격	пути́	матере́й	дочере́й	имена́
	조격	путя́ми	матеря́ми	дочерьми́	имена́ми
	전치격	о путя́х	о матеря́х	о дочеря́х	о имена́х

☞ дочь의 복수 조격으로 구어체에서 дочерями를 사용하기도 함.

B. 형용사 격변화

형용사 경자음 기본형 변화(новый)

격	단수			복수
	남성	여성	중성	모든 성
주격	нóвый	нóвая	нóвое	нóвые
생격	нóвого	нóвой	нóвого	нóвых
여격	нóвому	нóвой	нóвому	нóвым
대격	нóвый 또는 нóвого	нóвую	нóвое	нóвые 또는 нóвых
조격	нóвым	нóвой	нóвым	нóвыми
전치격	о нóвом	о нóвой	о нóвом	о нóвых

형용사 경자음 변화(молодой)

격	단수			복수
	남성	여성	중성	모든 성
주격	молодóй	молодáя	молодóе	молоды́е
생격	молодóго	молодóй	молодóго	молоды́х
여격	молодóму	молодóй	молодóму	молоды́м
대격	молодóй 또는 молодóго	молодýю	молодóе	молоды́е 또는 молоды́х
조격	молоды́м	молодóй	молоды́м	молоды́ми
전치격	о молодóм	о молодóй	о молодóм	о молоды́х

형용사 경자음 변화(лёгкий)

격	단수			복수
	남성	여성	중성	모든 성
주격	лёгкий	лёгкая	лёгкое	лёгкие
생격	лёгкого	лёгкой	лёгкого	лёгких
여격	лёгкому	лёгкой	лёгкому	лёгким
대격	лёгкий 또는 лёгкого	лёгкую	лёгкое	лёгкие 또는 лёгких
조격	лёгким	лёгкой	лёгким	лёгкими
전치격	о лёгком	о лёгкой	о лёгком	о лёгких

형용사 연자음 변화(зимний)

격	단수			복수
	남성	여성	중성	모든 성
주격	зи́мний	зи́мняя	зи́мнее	зи́мние
생격	зи́мнего	зи́мней	зи́мнего	зи́мних
여격	зи́мнему	зи́мней	зи́мнему	зи́мним
대격	зи́мний 또는 зи́мнего	зи́мнюю	зи́мнее	зи́мние 또는 зи́мних
조격	зи́мним	зи́мней	зи́мним	зи́мними
전치격	о зи́мнем	о зи́мней	о зи́мнем	о зи́мних

형용사 혼합변화1(хороший)

격	단수			복수
	남성	여성	중성	모든 성
주격	хоро́ший	хоро́шая	хоро́шее	хоро́шие
생격	хоро́шего	хоро́шей	хоро́шего	хоро́ших
여격	хоро́шему	хоро́шей	хоро́шему	хоро́шим
대격	хоро́ший 또는 хоро́шего	хоро́шую	хоро́шее	хоро́шие 또는 хоро́ших
조격	хоро́шим	хоро́шей	хоро́шим	хоро́шими
전치격	о хоро́шем	о хоро́шей	о хоро́шем	о хоро́ших

형용사 혼합변화2(большой)

격	단수			복수
	남성	여성	중성	모든 성
주격	большо́й	больша́я	большо́е	больши́е
생격	большо́го	большо́й	большо́го	больши́х
여격	большо́му	большо́й	большо́му	больши́м
대격	большо́й 또는 большо́го	большу́ю	большо́е	больши́е 또는 больши́х
조격	больши́м	большо́й	больши́м	больши́ми
전치격	о большо́м	о большо́й	о большо́м	о больши́х

C. 대명사 격변화

인칭대명사 1인칭과 2인칭의 격변화

격	단수		복수	
	1인칭	2인칭	1인칭	2인칭
주격	я	ты	мы	вы
생격	меня́	тебя́	нас	вас
여격	мне	тебé	нам	вам
대격	меня́	тебя́	нас	вас
조격	мной	тобóй	нáми	вáми
전치격	обо мне	о тебé	о нас	о вас

인칭대명사 3인칭 격변화

격	단수			복수
주격	он	онó	она	они
생격	егó (у негó)		её (у неё)	их (у них)
여격	емý (к немý)		ей (к ней)	им (к ним)
대격	егó (на негó)		её (на неё)	их (на них)
조격	им (с ним)		ей (с ней)	и́ми (с ни́ми)
전치격	о нём		о ней	о них

재귀 대명사 себя의 격변화

주격	—	대격	себя́
생격	себя́	조격	собóй
여격	себé	전치격	о себé

1인칭과 2인칭 소유 대명사의 격변화

격	단수			복수	단수			복수
	남성	중성	여성	모든 성	남성	중성	여성	모든 성
주격	мой	моё	моя́	мои́	наш	наше	нáша	нáши
생격	моегó		моéй	мои́х	нáшего		нáшей	нáших
여격	моемý		моéй	мои́м	нáшему		нáшей	нáшим
대격	주, 생	моё	мою́	주, 생	주, 생	нáше	нáшу	주, 생
조격	мои́м		моéй	мои́ми	нáшим		нáшей	нáшими
전치격	о моём		о моéй	о мои́х	о нáшем		о нáшей	о нáших

지시 대명사 э́тот, тот의 격변화

격	단수			복수	단수			복수
	남성	중성	여성	모든 성	남성	중성	여성	모든 성
주격	э́тот	э́то	э́та	э́ти	тот	то	та	те
생격	э́того		э́той	э́тих	того́		той	тех
여격	э́тому		э́той	э́тим	тому́		той	тем
대격	주, 생	э́то	э́ту	주, 생	주, 생	то	ту	주, 생
조격	э́тим		э́той	э́тими	тем		той	те́ми
전치격	об э́том		об э́той	об э́тих	о том		о той	о тех

지시 대명사 сто́лько의 격변화

주격	сто́лько люде́й	대격	сто́льких люде́й
생격	сто́льких люде́й	조격	сто́лькими людьми́
여격	сто́льким лю́дям	전치격	о сто́льких лю́дях

한정 대명사 сам의 격변화

격	단수		복수
	남성과 중성	여성	모든 성
주격	сам, само́	сама́	са́ми
생격	самого́	само́й	сами́х
여격	самому́	само́й	сами́м
대격	самого́	саму́	сами́х
조격	сами́м	само́й	сами́ми
전치격	о само́м	о само́й	о сами́х

한정 대명사 са́мый의 격변화

격	단수			복수
	남성	중성	여성	모든 성
주격	са́мый	са́мое	са́мая	са́мые
생격	са́мого		са́мой	са́мых
여격	са́мому		са́мой	са́мым
대격	са́мого	са́мое	са́мую	주격 또는 생격
조격	са́мым		са́мой	са́мыми
전치격	о са́мом		о са́мой	о са́мых

한정 대명사 весь의 격변화

격	단수			복수
	남성	중성	여성	모든 성
주격	весь	всё	вся	все
생격	всего́		всей	всех
여격	всему́		всей	всем
대격	주격 또는 생격	всё	всю	주격 또는 생격
조격	всем		всей	все́ми
전치격	о всём		о всей	о всех

의문 대명사 кто? что?의 격변화

주격	кто?	что?	대격	кого́?	что?
생격	кого́?	чего́?	조격	кем?	чем?
여격	кому́?	чему́?	전치격	о ком?	о чём?

의문 대명사 како́й의 격변화

격	단수			복수
	남성	중성	여성	모든 성
주격	како́й	како́е	кака́я	каки́е
생격	како́го		како́й	каки́х
여격	како́му		како́й	каки́м
대격	주격 또는 생격	како́е	каку́ю	주격 또는 생격
조격	каки́м		како́й	каки́ми
전치격	о како́м		о како́й	о каки́х

의문 대명사 чей의 격변화

격	단수			복수
	남성	중성	여성	모든 성
주격	чей	чьё	чья	чьи
생격	чьего́		чьей	чьих
여격	чьему́		чьей	чьим
대격	주격 또는 생격	чьё	чью	주격 또는 생격
조격	чьим		чьей	чьи́ми
전치격	о чьём		о чьей	о чьих

의문 대명사 скóлько의 격변화

주격	скóлько людéй, книг?	대격	скóльких людéй, книг?
생격	скóльких людéй, книг?	조격	скóлькими людьми́, кни́гами?
여격	скóльким лю́дям, кни́гам?	전치격	о скóльких лю́дях, кни́гах?

부정 대명사 нéкого와 нéчего의 격변화

주격	—	—	대격	нéкого	нéчего
생격	нéкого	нéчего	조격	нéкем	нéчем
여격	нéкому	нéчему	전치격	не о ком	не о чем

D. 수사 격변화

수량수사 оди́н의 격변화

<table>
<tr><th rowspan="2">격</th><th colspan="4">단수</th><th>복수</th></tr>
<tr><th colspan="3">남성과 중성</th><th>여성</th><th>모든 성</th></tr>
<tr><td>주격</td><td>оди́н</td><td></td><td>одно́</td><td>одна́</td><td>одни́</td></tr>
<tr><td>생격</td><td></td><td>одного́</td><td></td><td>одно́й</td><td>одни́х</td></tr>
<tr><td>여격</td><td></td><td>одному́</td><td></td><td>одно́й</td><td>одни́м</td></tr>
<tr><td>대격</td><td colspan="2">주격 또는 생격</td><td>одно́</td><td>одну́</td><td>주격 또는 생격</td></tr>
<tr><td>조격</td><td></td><td>одни́м</td><td></td><td>одно́й</td><td>одни́ми</td></tr>
<tr><td>전치격</td><td></td><td>об одно́м</td><td></td><td>об одно́й</td><td>об одни́х</td></tr>
</table>

수사 два, две, три, четы́ре의 격변화

<table>
<tr><td>주격</td><td>два</td><td>две</td><td>три</td><td>четы́ре</td></tr>
<tr><td>생격</td><td colspan="2">двух</td><td>трёх</td><td>четырёх</td></tr>
<tr><td>여격</td><td colspan="2">двум</td><td>трём</td><td>четырём</td></tr>
<tr><td>대격</td><td colspan="2">주격 또는 생격</td><td>주격 또는 생격</td><td>주격 또는 생격</td></tr>
<tr><td>조격</td><td colspan="2">двумя́</td><td>тремя́</td><td>четырьмя́</td></tr>
<tr><td>전치격</td><td colspan="2">о двух</td><td>о трёх</td><td>о четырёх</td></tr>
</table>

수사 со́рок, девяно́сто, сто의 격변화

주격	со́рок	девяно́сто	сто
생격	сорока́	девяно́ста	ста
여격	сорока́	девяно́ста	ста
대격	со́рок	девяно́сто	сто
조격	сорока́	девяно́ста	ста
전치격	о сорока́	о девяно́ста	о ста

수사 пять, пятьдеся́т, пятьсо́т의 격변화

주격	пять	пятьдеся́т	пятьсо́т
생격	пяти́	пяти́десяти	пятисо́т
여격	пяти́	пяти́десяти	пятиста́м
대격	пять	пятьдеся́т	пятьсо́т
조격	пятью	пятью́десятью	пятьюста́ми
전치격	о пяти́	о пяти́десяти	о пятиста́х

수사 две́сти, три́ста, четы́реста의 격변화

주격	две́сти	три́ста	четы́реста
생격	двухсо́т	трёхсот	четырёхсо́т
여격	двумста́м	трёмста́м	четырёмста́м
대격	две́сти	три́ста	четы́реста
조격	двумяста́ми	тремяста́ми	четырьмяста́ми
전치격	о двухста́х	о трёхста́х	о четырёхста́х

집합수사 дво́е, тро́е, че́тверо의 격변화

주격	дво́е	тро́е	че́тверо	(друзе́й)
생격	двои́х	трои́х	четверы́х	(друзе́й)
여격	двои́м	трои́м	четверы́м	(друзья́м)
대격	двои́х дво́е	трои́х тро́е	четверы́х че́тверо	(друзе́й) (су́ток)
조격	двои́ми	трои́ми	четверы́ми	(друзья́ми)
전치격	о двои́х	о трои́х	о четверы́х	(друзья́х)

о́ба, о́бе의 격변화

	남성과 중성	여성
주격	о́ба	о́бе
생격	обо́их	обе́их
여격	обо́им	обе́им
대격	주격 또는 생격	주격 또는 생격
조격	обо́ими	обе́ими
전치격	об обо́их	об обе́их

3/5의 격변화

주격	три пя́тых	대격	три пя́тых
생격	трёх пя́тых	조격	тремя́ пя́тыми
여격	трём пя́тым	전치격	о трёх пя́тых

полтора́의 격변화

격	남성과 중성	여성
주격	полтора́ (часа́)	полторы́ (мину́ты)
생격	полу́тора (часо́в)	полу́тора (мину́т)
여격	полу́тора (часа́м)	полу́тора (мину́там)
대격	полтора́ (часа́)	полторы́ (мину́ты)
조격	полу́тора (часа́ми)	полу́тора (мину́тами)
전치격	о полу́тора (часа́х)	о полу́тора (мину́тах)

E. 동사 격변화

-ся 동사의 활용

현재시제		과거시제	
я занима́юсь	учу́сь	я(ты, он) занима́лся	учи́лся
ты занима́ешься	у́чишься	я(ты, она) занима́лась	учи́лась
он(она) занима́ется	у́чится	оно занима́лось	учи́лось
мы занима́емся	у́чимся	мы занима́лись,	учи́лись
вы занима́етесь	у́читесь	вы занима́лись,	учи́лись
они занима́ются	у́чатся	они занима́лись,	учи́лись

운동동사 идти́-ходи́ть, е́хать-е́здить의 변화형

인칭	정태 동사	부정태 동사	정태 동사	부정태 동사
	идти́	ходи́ть	е́хать	е́здить
я	иду́	хожу́	е́ду	е́зжу
ты	идёшь	хо́дишь	е́дешь	е́здишь
он/она	идёт	хо́дит	е́дет	е́здит
мы	идём	хо́дим	е́дем	е́здим
вы	идёте	хо́дите	е́дете	е́здите
они	иду́т	хо́дят	е́дут	е́здят

운동동사 бежа́ть-бе́гать, лете́ть-лета́ть의 변화형

인칭	정태 동사	부정태 동사	정태 동사	부정태 동사
	бежа́ть	бе́гать	лете́ть	лета́ть
я	бегу́	бе́гаю	лечу́	лета́ю
ты	бежи́шь	бе́гаешь	лети́шь	лета́ешь
он/она	бежи́т	бе́гает	лети́т	лета́ет
мы	бежи́м	бе́гаем	лети́м	лета́ем
вы	бежи́те	бе́гаете	лети́те	лета́ете
они	бегу́т	бе́гают	летя́т	лета́ют

운동동사 плыть-пла́вать, нести́-носи́ть의 변화형

인칭	정태 동사	부정태 동사	정태 동사	부정태 동사
	плыть	пла́вать	нести́	носи́ть
я	плыву́	пла́ваю	несу́	ношу́
ты	плывёшь	пла́ваешь	несёшь	но́сишь
он/она	плывёт	пла́вает	несёт	но́сит
мы	плывём	пла́ваем	несём	но́сим
вы	плывёте	пла́ваете	несёте	но́сите
они	плыву́т	пла́вают	несу́т	но́сят

운동동사 везти́-вози́ть, вести́-води́ть의 변화형

인칭	정태 동사	부정태 동사	정태 동사	부정태 동사
	везти́	вози́ть	вести́	води́ть
я	везу́	вожу́	веду́	вожу́
ты	везёшь	во́зишь	ведёшь	во́дишь
он/она	везёт	во́зит	ведёт	во́дит
мы	везём	во́зим	ведём	во́дим
вы	везёте	во́зите	ведёте	во́дите
они	везу́т	во́зят	веду́т	во́дят

참고문헌

강덕수. 김연수(1999). 『파워 러시아어 문법.』 서울: 범한서점주식회사.

강흥주, 강덕수(1992). 『러시아어사.』 서울: 민음사. 1992.

이석주, 이주행(1994). 『국어학개론.』 서울: 대한교과서주식회사.

이용권(2013). 『정통 러시아어 문법 통사론.』 서울: 신아사.

이용권(2013). 『정통 러시아어 문법 형태론.』 서울: 신아사.

이은경(2012). 『러시아어 기본어휘. Русская лексика.』 서울: 문예림.

조성식(1990). 『영어학사전.』 서울: 신아사.

Myravyova, L.(1986). Verbs of Motion in Russian. M.:Russky Yazyk Publishers.

Useinova, Gulnara(2000). Russian in an Easy Way. Russian language course for beginners. 30hours. St.Petersburg:Zlatoust.

Useinova, Gulnara, Tamara Rzayeva(2008). Russian in an Easy Way. Russian language course for beginners. Workbook. St.Petersburg-Baku:Zlatoust-KMT.

Брызгунова, Е.А.(1977). Звуки иинтонация русской речи. Москва: Русский язык.

Зализняк, А.А.(1977). Грамматический словарь русского языка. Словоизменение.М.:Русски йязык.

Лехина, И.В. и др.(1979). Словарь иностранных слов. М.: Русский язык.

Суржикова, Н.Я.(1988). Как делаются слова. М.:Русский язык.

Того, М., С. Сомэя, Т. Исоя, С. Исияма(1988). Кэнкюся русско-японский словарь. Издател ьство:Кэнкюся.

찾아보기

ㅇ

ㅈ

이용권

한국외국어대학교 노어과 학사
고려대학교 노어노문학과 석사, 박사
현 부산대학교 노어노문학과 교수
박사학위 논문『현대 노어의 신어 어휘구조 연구』
『정통 러시아어 문법 형태론』(신아사, 2012)
『정통 러시아어 문법 통사론』(신아사., 2013)
'러시아어 모국어 학습자의 한국어 발음교육',
'언어원리 불변성 문제 연구',
'범주화의 고전이론과 원형이론 비교연구',
'러시아어 다의어 의미확장 연구' 등 다수

통통(通通) 러시아어 문법

1판 1쇄 발행 _ 2014년 11월 20일
1판 3쇄 발행 _ 2022년 1월 30일

저 자 • 이 용 권
발행인 • 정 현 걸
발 행 • 신 아 사
인 쇄 • 대명프린팅
출판등록• 1956년 1월 5일 (제9-52호)
주 소 • 서울특별시 은평구 녹번동 28-36번지 2F
전 화 • (02)382-6411 • 팩스 (02)382-6401
홈페이지• www.shinasa.co.kr
E-MAIL • shinasa@daum.net

ISBN: 978-89-8396-877-7 (93790)
저자와의 협의로 인지를 생략합니다.

정가 *17,000* 원